George Hill

El hombre más rico de Babilonia
para nuestra época

GEORGE HILL

El hombre más rico de Babilonia
para nuestra época

El hombre más rico de Babilonia para nuestra época
© George Hill, 2005

Quarzo

D.R. © Editorial Lectorum, S.A. de C.V., 2005
Centeno 79, Col. Granjas Esmeralda
C.P. 09810, México, D.F.
Tel.: 55 81 32 02
www.lectorum.com.mx
ventas@lectorum.com.mx

L.D. Books
8313 NW 68 Street
Miami, Florida, 33166
Tel. (305) 406 22 92 / 93
ldbooks@bellsouth.net

Primera edición: octubre de 2005
ISBN: 978-1505-355499

Características tipográficas aseguradas conforme a la ley. Prohibida la reproducción parcial o total sin autorización escrita del editor.

Impreso y encuadernado en México.
Printed and bound in Mexico.

Prólogo

La administración del dinero intimida a muchas personas. Quizás usted se sienta así y se encuentra agobiado o indeciso sobre cómo empezar a administrar sus finanzas. El asunto del dinero puede parecer como un barril sin fondo: ¿Cómo puedo empezar a hacerlo? ¿Cómo sé si estoy tomando las decisiones correctas? ¿Dónde termino? Es importante asumir la responsabilidad de administrar el dinero de la familia, pero quizá usted no se siente listo para comenzar.

La buena noticia es que usted ES CAPAZ de administrar sus finanzas. Quizá nunca lo ha hecho antes y tal vez no se sienta preparado para hacerlo ahora, pero usted PUEDE. Hay personas y recursos para ayudarlo. No se trata de dedicarle años de estudios a las finanzas. No se trata de tener toda su vida perfectamente organizada y planeada. Se trata de empezar exactamente a partir del lugar donde está y dar pequeños pasos que pueda controlar.

Si teme administrar las finanzas familiares, posiblemente los beneficios lo hagan cambiar de opinión. Tendrá paz mental al saber que puede hacerse cargo de sus gastos mensuales básicos. No será tomado por sorpresa (es decir, sin dinero) por gastos inesperados. Tendrá la tranquilidad de saber que está haciendo lo mejor para usted y su familia.

Esta obra busca animarlo, informarle sobre la importancia de la planificación financiera personal y prepararlo para poner manos a la obra y hacer uso de la ayuda necesaria para protegerse y proteger a su familia, no sólo en el presente sino para el futuro.

Al hablar de finanzas lo primero que nos viene a la mente son números y complicadas operaciones matemáticas, lo cual, aunque no está alejado de la realidad, nos hace preguntarnos: ¿realmente se requiere ser un genio para resolver las finanzas cotidianas y prever nuestro futuro?

Para responder a esta interrogante le contaré una historia a la cual le pido ponga su mayor atención y después de leerla reflexione unos minutos al respecto:

Pedro era un campesino que toda su vida soñó con tener un caballo, para obtenerlo ahorró durante varios meses y, una vez que reunió el dinero suficiente, se dio a la tarea de buscar uno que fuese de su agrado.

Después de varias visitas a criaderos de caballos y ranchos, finalmente encontró un caballo que al mirarlo sencillamente supo que era el que tanto había anhelado y decidió comprarlo. Pero el administrador del rancho le informó que ese caballo estaba comprometido para su exhibición a una feria próxima y que sólo después de dicho evento podría venderlo. Fue tanto el deseo de Pedro por ser dueño de ese caballo que se propuso comprarlo y permitir que el rancho lo presentara en la exhibición a nombre de sus actuales propietarios.

Después de negociar al respecto, el vendedor y Pedro finalmente llegaron al siguiente acuerdo: Pedro compró en 700 pesos el caballo, se lo llevó con la condición de que el día del evento lo regresaría y el rancho lo volvería a comprar en 800 pesos para que el caballo fuese llevado al concurso y en función de los premios y lugares que ocupase volverían a vendérselo a Pedro.

Así sucedió, Pedro compró en 700 pesos el caballo y se lo llevó; el día del evento, lo vendió en 800 pesos y el caballo se puso en exhibición, donde ganó el primer lugar en todas las categorías a las que fue inscrito. Al día siguiente Pedro acudió al rancho, y por su nuevo valor agregado por los premios obtenidos tuvo que comprar el caballo en 900 pesos.

Ya sin ningún compromiso, Pedro se fue feliz con su caballo, aunque antes de ir a casa decidió ir a visitar a su mejor amigo, quien le tenía gran cariño y respeto porque muchas veces había recibido su ayuda tanto material como moral.

Al llegar, el caballo produjo el mismo efecto en el amigo, es decir, éste se quedó por completo encantado con el caballo y le pidió a Pedro que se lo vendiera. Pedro sabía que no podía negarse por la enorme cercanía y lazos de amistad que los unía. Así que para consolarse decidió venderle el caballo a su compadre en mil pesos.

El cuento termina aquí. Tómese su tiempo, reflexione y piense si le queda claro el cuento. Considere que no es un ejercicio de los que no tienen solución o existen muchas soluciones. No, este ejercicio es numérico y hay sólo una respuesta. Si tiene claro el cuento y no tiene dudas al respecto, sin consultar o pedir a alguien que le ayude, responda por favor las siguientes preguntas:

1. ¿Usted cree que Pedro ganó, perdió o ni ganó ni perdió dinero?
2. Si piensa que ganó o perdió dinero, diga ¿cuánto dinero fue lo que ganó o perdió?

Una vez que tenga su respuesta escríbala y, sin decírselas, cuéntele el cuento a sus familiares y/o amigos, sólo después de que ellos tengan su propia respuesta compárela, discuta y presenten cómo fue que llegaron al resultado.

¿Tendrán diferencia?, o ¿encontraron la misma respuesta? Entre más personas incluya en el ejercicio, mucho mejor.

Antes de hacer mis propias observaciones a este relato, así como a su respuesta, le daré algunos conceptos sobre la inteligencia emocional; podemos definirla como un conjunto de rasgos emocionales que se relacionan con el carácter y la cual tiene enorme importancia en el destino de cada uno de nosotros.

Para resolver nuestro ejercicio del caballo de Pedro no necesitamos un alto coeficiente intelectual; en teoría, basta con saber las operaciones básicas como en toda cuestión matemática, es decir, saber sumar, restar, dividir y multiplicar. Ello, por supuesto, no quiere decir que vayamos siempre a utilizar las cuatro sino sencillamente, las que se requieran.

La vida emocional, al igual que las matemáticas y la lectura, puede ser manejada por algunas personas con mayor o menor facilidad, pero, como ellas, requiere un singular conjunto de habilidades. Así, en Pedro encontramos primero un sueño, un deseo de posesión; cuando nosotros queremos algo luchamos por conseguirlo, ¿pero siempre lo conseguimos? Pedro decidió ahorrar, ¿por qué entonces no tener sueños siempre? Casi siempre cuando invitamos a la gente a ahorrar, su primer señalamiento es: "no me alcanza el dinero".

Pero muchas familias mexicanas gastan a puños el dinero que "no tienen", por ejemplo para hacer la fiesta de 15 años a sus hijas o a sus hijos hacen la primera comunión; al casarse, otros tantos mexicanos gastan más de lo que podrán reunir en dos o tres años de trabajo. Pero, como a Pedro, nada los detiene para cumplir su sueño, aunque sólo ocurre una vez. El primer ejercicio que todos nosotros debemos hacer para mejorar y organizar nuestras finanzas personales es conocernos. No solamente hay que saber cuánto dinero ganamos y cuánto dinero gastamos, hay que hacer un presupuesto, es decir, una lista de todos los gastos y todos los ingresos.

Muchos ni siquiera necesitarán esa lista, ya estarán señalando que nunca les alcanza el dinero para cumplir un sueño o deseo, como, por ejemplo, comprar una casa o un auto del año. ¿Cómo logró Pedro su sueño? Ahorrando.

Tal vez pensará que no tiene mucho dinero, pero recordemos que el personaje de la historia es un campesino y la mayoría de ellos gana apenas para sobrevivir; además, el cuento nos aclara que su amigo le ha dado ayuda moral y económica varias veces y el que siga siendo su amigo quiere decir que ha cubierto sus deudas.

¿De verdad no tenemos dinero para ahorrar o no somos capaces de ahorrar?

Piense en sus gastos, sobre todo en aquellos que puede omitir sin que afecte sus actividades; por ejemplo: cigarros, alcohol, refrescos, cine o restaurantes. ¿Qué pasa si los disminuimos?, no le propongo que los elimine por completo porque necesitamos diversión, pero podemos hacerlo sin gastar, es decir, podemos ir menos al cine o gastar menos en él. En cuanto a los cigarros y el alcohol, usted sabe que son hábitos perjudiciales para su salud, por qué no disminuir su consumo o, si es posible, eliminarlo. Haga cuentas de cuántas cajetillas de cigarros consume al mes y si lo multiplica por 12, se dará cuenta de la cantidad asombrosa de dinero que tira a la basura junto con su salud. ¿No sería mejor destinar ese dinero al ahorro?

Si usted decide que sean 100 pesos al mes, en un año tendrá 1 200 pesos, y en cinco serán 6 000 pesos. Estará pensando que esto no sirve para nada, pero cuando vuelva a pasar por el Nacional Monte de Piedad, pregunte a los inocentes que están formados si les servirían de algo 1 200 pesos. Si este ejercicio lo hace un estudiante al entrar a la secundaria y ahorra 25 pesos a la semana, en el segundo año de preparatoria podría comprar una computadora.

Existen gastos que son inevitables, como el transporte, la alimentación (aunque no tiene por qué ser en un restaurante), la vivienda o el vestido, pero también se puede economizar, sin embargo, pensemos que éstos no los puede cambiar. Como para Pedro, el sueño puede ser un gusto, un capricho o quizá algo para realizar mejor nuestro trabajo; la historia de Pedro no aclara nada al respecto, pero nosotros sí podemos hacerlo. El estudiante que se plantee como objetivo comprar una computadora, los recién casados una casa o el joven universitario su primer automóvil, sin duda serán objetivos que les permitirán acumular riqueza y mejorar su vida personal y laboral.

Los sentimientos son indispensables para la toma de decisiones racionales, pero estos sentimientos podemos controlarlos y hacer que nos proporcionen beneficios. Pedro quería mucho a su compadre y pudo haberle regalado —como muchos mexicanos hubiesen hecho— el caballo, pero no fue así, decidió venderlo en 1000 pesos. Es cierto que para muchos el corazón domina a la cabeza, para los inteligentes emocionalmente no tiene por qué ser así.

Cuando destina sus ahorros con el fin de incrementar su patrimonio o invertir en bienes de consumo duradero, lo hace con el firme propósito de mejorar.

Después de analizar su carácter, elaborar su propio presupuesto y fijar sus objetivos, adelante, luche por conseguirlos.

¿No es capaz de dejar de fumar y beber para comprar un libro? El libro le dará mayor conocimiento, le permitirá tener mayor cultura o estar mejor preparado en su profesión, ¿qué le deja cualquier vicio? Si desde ahora está inventando miles de excusas, resulta claro que es parte de su carácter. Los libros son una inversión, el vicio es un gasto que puede eliminar para mejorar sus finanzas personales.

¿Necesita ser un genio para invertir en la Bolsa o elegir la mejor inversión? No.

Al invertir se busca un rendimiento, pero también toda inversión implica un riesgo.

Casarse o tener un noviazgo, ¿es un gasto o una inversión? Por supuesto que ni en estos casos todo va a ser plena felicidad, puede traernos beneficios y algunos inconvenientes y penas; no obstante, si lo valoramos monetariamente, en definitiva estamos perdidos en la parte emocional, pero ello no implica que no podamos organizarnos, ahorrar y, por supuesto, invertir solos o en pareja. Para invertir no necesitamos un alto coeficiente intelectual, pero sí una fuerte carga emocional que nos permita obligarnos a disminuir gastos innecesarios, ahorrar constantemente y analizar las inversiones que nos ofrecen o que deseamos hacer.

Nuestro carácter nos condiciona a la hora de tomar decisiones de inversión o financiamiento.

El ahorro popular es, de hecho, un sistema familiar o de amistad; rara vez alguien entra a una tanda con un desconocido; así, nunca desconfiamos ni pensamos que podríamos perder nuestro dinero, menos aún si quien lo organiza es un hermano o un amigo. Pero si se trata de un desconocido, aunque sea una institución financiera, desconfiamos, por esa desconfianza muchas veces no se acepta la inversión, aunque ello implique ganar dinero. El que es muy confiado invierte en todo, pero casi nunca en un seguro.

El que, por el contrario, es muy temeroso o precavido siempre busca cubrirse aunque sea poco el rendimiento que obtenga. Este tipo de personas buscará y contratará todos los seguros que pueda: auto, vivienda, vida, gastos médicos mayores, etcétera. No pensamos que sea malo, pero sin duda significa incrementar sus gastos significativamente, aunque si ocurre alguna tragedia, ciertamente podría cubrirse monetariamente. Por supuesto, ningún joven de 20 años está pensando en asegurarse.

La edad es uno de los elementos más importantes para encontrar el equilibrio emocional y financiero. Si desde la juventud adquirimos el hábito del ahorro y la inversión, aprenderemos a evaluar las alternativas que existen en el mercado, lo que nos permitirá obtener los mejores rendimientos con los riesgos que se asocien a nuestro carácter.

El género también es un factor determinante para tomar decisiones de inversión: los hombres tendemos a ser más confiados cuando tomamos decisiones, en tanto que las mujeres son más desconfiadas. Por ello, el género masculino tiende a tomar más decisiones sin efectuar una evaluación amplia y correcta; en tanto que el femenino primero investiga y después toma su decisión. Por supuesto, no ocurre en todos los casos, pero sí es algo común. Por ejemplo, si la esposa de Pedro hubiese tenido que tomar la decisión de qué caballo comprar, tal vez se hubiese preguntado o hubiese cuestionado a su marido: ¿necesitamos un caballo fino que gana premios para ponerlo a trabajar en el campo?, ¿no hay un mejor caballo para trabajar aunque no esté tan bonito?, ¿por qué no comprar desde el principio un caballo de 700 pesos y no hacer ningún trato? Para Pedro, sin embargo, resultó claro: él quería ese caballo.

Si tuvo la paciencia de realizar nuestro ejercicio como lo explicamos, ya tiene la respuesta y sabrá que los beneficios serán múltiples, además de que estará sonriendo por un buen tiempo.

Así pues, a continuación le presento esta obra que seguramente será de su interés y con la que intento ayudarle a cambiar desde AHORA su forma de manejar el dinero y, como consecuencia, su vida. Le aseguró que con esta actitud y algunas buenas decisiones asegurará su futuro y el de su familia. Le deseo buena suerte.

Capítulo I
UNA HISTORIA COMO TANTAS

Sara y Alberto vivían en una zona agradable, aunque no ostentosa: era un barrio de clase media en una zona metropolitana. Tenían un auto compacto que por fin terminarían de pagar en unos cuantos meses, pero aún buscaban una opción para comprar un departamento, pues la renta que pagaban los ahogaba mes con mes.

Él era empleado en una empresa sólida desde hacía diez años y ella era profesora en una escuela primaria. Aunque sus sueldos no eran envidiables, entre el trabajo de los dos y las tarjetas de crédito lograban darse ciertos lujos: una semana de vacaciones al año, algunas salidas a restaurantes finos de vez en cuando y, por supuesto, tener un hogar acogedor con todas las comodidades.

Casi siempre estaban atareados en sobrevivir a un mundo cada vez más competitivo, tomando clases de computación o inglés, en el caso de Alberto, o actualizando los métodos de enseñanza, en el caso de Sara. Su vida era apacible, sí, pero sin futuro. Al menos así lo creía Alberto mientras miraba jugar a su pequeño hijo de cinco años.

Sara a veces pensaba lo mismo, sobre todo cuando veía pasar autos de lujo que algunos padres de sus alumnos poseían, y pensaba que no podía pagar una escuela tan cara a su propio pequeño.

Con ocho años de casado, Alberto había aprendido a callar sus pensamientos cuando estaba con Sara, no quería preocuparla con sus pensamientos y con sus sueños de riqueza y tranquilidad. Cuando estaba con sus amigos, prefería tomar un par de copas y mirar algún partido de futbol en el videobar de siempre. Pero un día no había juego y su mejor amigo, Carlos, también parecía absorto en sus propios pensamientos.

Y qué tal si...

Los dos amigos miraron su vaso medio lleno hasta que Alberto se decidió a hablar.

—¡Nunca has pensado, Carlos, cómo sería tu vida si fueras rico?

Carlos lo miró pasmado.

—No me lo vas a creer, pero justo en eso pensaba... no es que me queje, tengo un buen sueldo, tú lo sabes, pero el dinero se me va como el agua, siempre hay gastos extras que hacer y cuando menos lo pienso, ya estamos a final de quincena y sin un centavo.

—Lo mismo me pasa a mí. Por más que Sara y yo tratamos de ahorrar...

—Te entiendo perfectamente.

—Quisiera encontrar una forma de mejorar nuestra forma de vida, sobre todo por Albertito, ya sabes... me gustaría mandarlo a una buena universidad cuando crezca, incluso al extranjero si se puede.

—¡Imagínate! Tendrías que ser millonario.

—Y, ¿por qué no?

Carlos miró a Alberto extrañado, nunca había visto esa mirada en sus ojos.

—Qué tal si nos propusiéramos mejorar nuestra forma de vida, hacer realidad nuestros sueños.

—¿Cómo?

—¿Recuerdas a Julio?... sí, hombre, acuérdate... iba con nosotros en la preparatoria.

—Ah, sí... ¿qué pasa con él?

—Pues me lo encontré el otro día. Resulta que la ha hecho en grande, vive en una lujosa zona residencial, tiene un auto de lujo... en fin... es un triunfador.

—¿Cómo? ¿Él? Pero si no tenía ni en qué caerse muerto. Su familia era muy humilde.

—Así es... ese Julio, ahora tiene lo que quiere.

—Caray, jamás me lo hubiera imaginado.

—Mira, me dio su tarjeta y me dijo que le llamara cuando quisiera. Así que te propongo algo: hagamos una cita con él y que nos platique cuál es su secreto. ¿Qué hizo para llegar hasta donde está?

—Pues no es mala idea. Total. Qué te parece si lo invitamos el próximo viernes aquí mismo a tomarse una cerveza con nosotros... bueno, si quiere, a lo mejor esto se le hace poca cosa.

—¡Claro que no! Es un tipo a todo dar. Voy a llamarle mañana mismo.

Esa noche, Carlos y Alberto se fueron entusiasmados a casa. Tal vez el próximo viernes encontrarían respuesta a todas sus preguntas.

Desde la perspectiva de...
MARC ANDREESEN, fundador de Netscape

La realidad de los negocios por internet

Actualmente, cuando se habla de finanzas y economía, es imposible no tocar el punto de los cibernegocios. Si hay un lugar donde se pueden encontrar oportunidades de invertir o perder el dinero es a través de internet. Es por esto que en esta primera perspectiva nos pareció fundamental incluir algunas opiniones dadas al respecto por Marc Andreesen.

De todos los emprendedores y ejecutivos que tratan de dilucidar cómo se presentará la segunda parte de la economía por internet, ninguno ofrece credenciales más interesantes que Marc Andreesen. Este ingeniero pasó a la historia por haber cofundado, a los 22 años, la firma Netscape Communications en abril de 1994, y por atraer a millones de usuarios, y al interés obsesivo de Wall Street, cuando su compañía lanzó al mercado el primer navegador de uso fácil y masivo.

Andreesen dice que las ciberoportunidades nunca fueron más grandes, y cuando se le pregunta sobre las maneras en que las empresas y los emprendedores pueden aprovecharlas, se explaya con entusiasmo. Hay que prepararse, dice, para la próxima revolución.

"En realidad, casi todos los que se mueven primero

terminan de bruces en la arena, y de sus errores aprenden los que vienen atrás", dice. "El *timing*, la ejecución y el enfoque básico correcto es lo que más importa. Es muy difícil que un recién llegado a una nueva industria no falle en ninguno de estos tres factores. Lo más usual es que gane el que llega después."

"Mucha gente creó sitios gratis con la ilusión de que pronto harían dinero transformando el tráfico activo en una propuesta de paga, a través de la publicidad o del comercio electrónico. Es el beso de la muerte", sentencia Andreesen. De hecho, atraer muchas miradas no sirve de mucho si los visitantes de un sitio web no tienen una razón intrínseca para hacer negocios ahí.

Las marcas más conocidas de internet, como Amazon, AOL, eBay y Yahoo!, fueron "construidas a partir de la aceptación de su esencia misma y de la transmisión de boca en boca", explica Andreesen. La publicidad sólo reforzó el gusto inicial de los usuarios. Las ciberempresas que pensaron que podrían alcanzar la fama eterna con la publicidad estaban completamente equivocadas.

"Cuando alguien hable de 'convergencia', agarra tu billetera", nos previene Andreesen, quien piensa que la innovación tecnológica puede producir una mayor divergencia y una mayor especialización. En particular, "el concepto de que la gente querrá interactuar con su televisor es estúpido", dispara. "La televisión interactiva se da cuando tu equipo de futbol pierde y le tiras una lata de cerveza a la pantalla."

La primera etapa de la revolución de internet ya pasó. Fue como un torbellino. Pero ahora que el Nasdaq quedó aplastado, que una larga serie de importantes firmas *puntocom* están muertas y sepultadas, y que más y más ejecutivos de grandes empresas se preguntan qué significa tener en la actualidad una estrategia de comercio electrónico, casi todo el mundo reconoce que la economía de internet llegó a un parteaguas.

¿Está muerta la Nueva Economía? No. Sin embargo, lo que por momentos se perfilaba como una estrategia innovadora para internet en 1998 y 1999 hoy parece un camino hacia la ruina. Aun así, las ciberoportunidades de crecimiento e innovación siguen siendo tentadoras y no hacer nada es un boleto seguro hacia la oscuridad. Debe haber algún modo de digerir las duras lecciones del pasado y tomar un rumbo más sabio y coherente.

Cuando miramos el panorama de internet podemos percibir claramente cómo muchas empresas están replanteando sus estrategias y tratan de encontrar nuevas fórmulas para reanimar sus inversiones en el ciberespacio. En este sentido, Andreesen plantea dos preguntas.

La primera es: "¿Qué tan respetada es la cúpula directiva? La gente suele irse cuando pierde la fe en su jefe. Un equipo gerencial que goce del respeto de sus empleados puede retenerlos más fácilmente en esa situación. Esto explica por qué históricamente empresas como Microsoft, Intel o Cisco, pudieron girar 180° grados, hacer cosas radicalmente distintas, y aun así lograr que sus empleados dijesen: 'Ok, nos quedamos'. A veces pienso que la clave del liderazgo es que la gente quiera seguirte, aunque sea por la curiosidad de ver qué sucederá".

La otra pregunta es: "¿La cultura de la empresa se basó en un concepto de cambio desde el principio? Muchas firmas de gran crecimiento descubren que durante los primeros dos o tres años nada les resulta difícil. Se lanzan al mercado con el producto adecuado, tienen buena respuesta de los clientes y todo funciona bien. Los banqueros los cortejan. Cotizan en Bolsa. Todos les dicen que son genios. Entonces, por primera vez se encuentran con un rival de cuidado, o los abandona un cliente, o aparece una crítica negativa en la prensa. Y entonces se desesperan. Es la primera vez que algo malo ocurre en esa cultura. Esas empresas suelen ser las más vulnerables. En muchos sentidos, les va mejor a las compañías que tuvieron una experiencia más difícil para pasar del punto A al punto B".

El fundador de Netscape agrega: "Es un desafío. En el mundo de las *startups*, eres un genio o un idiota. Nunca eres un tipo común que sobrevive día a día. Si eres un líder del mercado, la prensa va a informar que eres fantástico. Pero en realidad, quizá seas un 10% mejor que la competencia. Si permites que la publicidad se te suba a la cabeza, comienzas a tambalear y pierdes tu 10% de ventaja. Entonces, de la noche a la mañana te conviertes en un idiota. Cualquier empresa que funcione más de dos años va pasar por todo ese ciclo. Oracle, Sun, Microsoft, IBM —todos los grandes nombres— pasan por esto cada tantos años. Si tienes eso en mente y tus empleados también, no tendrás mayores dificultades en superarlo. En Netscape siempre tuvimos nuestras sospechas, porque el ambiente era de demasiada euforia en 1995 y 1996. Sabíamos que no éramos tan inteligentes."

"Tengo una lista de los 10 mayores peligros que corre mi empresa. Los abogados la odian. Tiene nombre: 'Diez razones para quedar fuera del negocio'. Se concentra en la perspectiva de fracasar. En Loudcloud nos preguntamos: '¿Si finalmente fracasamos, cuál será la razón?' Y repasamos la lista. Estamos construyendo en medio de lo que parecería paranoia, pero en realidad es la más clara objetividad. Siempre me gustó eso. De hecho, trabajar en los factores de riesgo es mi parte preferida de los proyectos. Me permite ver mi empresa y decir: 'Muy bien. ¿Qué podría salir mal?'. Como empresario tienes la obligación de ser tan completo como puedas, y por eso te libera la mente."

"¿Quién puede decir para qué cosas está preparada la gente en su vida? ¿Quieres tener un *pager* con e-mail? ¿Quieres comprarles a extraños a través de cibersubastas? ¿O pasar una hora diaria online? Hace unos años la respuesta a estas preguntas era no. Hoy la respuesta es sí. Ser el primero y tener el enfoque apropiado es muy importante. Ser el primero y tener el enfoque equivocado significa que estás muerto".

Las frases de los triunfadores

Si de todas maneras vas a pensar, mejor piensa en grande.
DONALD TRUMP

La pobreza y la riqueza son dos escollos en el estrecho de la vida. Dichoso el navegante que logra pasar entre ellos.

Un líder conduce a las personas a donde quieren ir. Un gran líder no las conduce a donde quieren ir, sino a donde deben estar.
ROSALYN CARTER

Nunca serás rico si tus gastos exceden a tus ingresos; y nunca serás pobre si tus ingresos superan a tus gastos.
THOMAS CHANDLER

Sólo el necio confunde valor y precio.
QUEVEDO

Capítulo II
El reencuentro

Los dos amigos habían estado nerviosos, casi como si fuera la primera cita con alguna chica guapa. Ese día, se pusieron su mejor traje y su mejor camisa, incluso sus esposas se atrevieron a hacerles bromas sobre que nunca se arreglaban para verlas a ellas y sí para ver a un tipo que hacía más de 15 años no veían ni sabían nada de él.

Saliendo del trabajo, como todos los viernes, Carlos y Alberto se enfilaron al videobar de siempre para tomar la consabida copa, pero esta vez esperaban más de ese momento...

Julio estaba sentado en una de las pequeñas mesas en un rincón, viendo a lo lejos un partido de beisbol que transmitían ese momento en las pantallas del lugar. Alberto y Carlos lo encontraron tomando una cerveza y, al parecer, disfrutando el momento.

Julio se levantó para abrazarlos y los tres comentaron sobre su apariencia actual, muy diferente a la de unos preparatorianos: algunos kilos de más y algunas líneas de expresión en la frente que denotaban la constante preocupación.

Después de recordar algunas viejas anécdotas, se hizo un silencio; Carlos y Alberto se miraron pensando si sería sensato recordar la razón por la que se habían reunido. Julio adivinó su pensamiento y comenzó la charla.

—No cabe duda que hemos pasado buenos momentos juntos... y que de jóvenes vivimos experiencias inolvidables; sin embargo, ahora los veo preocupados, han perdido toda esa vitalidad y creo saber por qué.

Alberto suspiró aliviado por no tener que recordarle a su invitado el motivo de su encuentro esa noche.

—Primero quiero decirles que no es vergonzoso acercarse a alguien para pedirle consejo y mucho menos si la razón es mejorar su calidad de vida. De hecho, yo tengo que agradecer mi fortuna a los consejos de un hombre sabio que tuve la fortuna de conocer.

Alberto y Carlos se reacomodaron en su asiento para escuchar mejor a su antiguo compañero.

—Ustedes me conocieron en la preparatoria y saben mi origen: vivía en un hogar humilde, mi padre había muerto hacía varios años y mi madre confeccionaba ropa que posteriormente vendía para mantenernos a mí y a mi hermana.

—Por eso nos parece más admirable ver tu condición actual —aventuró a decir Carlos.

—Así es, podría decir que vengo de la nada. Con mucho esfuerzo terminé la prepa y a pesar de querer estudiar una profesión tuve la necesidad de ayudar a mi madre con los gastos de la casa, así que conseguí un empleo.

—Supongo que siendo tan joven e inexperto no fue muy bueno... —añadió Alberto.

—Así es... entré como dependiente en una tienda de telas. Tenía que trabajar jornadas de diez horas, seis días a la semana, durante un año; pero allí conocí a la primera persona que me ayudó.

—Supongo que un hombre adinerado...

—Por supuesto. Era un hombre serio, todos le teníamos temor. Él visitaba sus tiendas periódicamente y observaba siempre el desempeño de sus administradores y hasta de los empleados más humildes. Los aconsejaba cómo mejorar su trabajo, felicitaba a los que progresaban y les llamaba la atención a los que sentía que no avanzaban.

—Supongo que le simpatizabas y por eso....

—¡No! Ya me había llamado la atención en dos ocasiones, pero yo era joven y me sentía frustrado siendo empleado en un lugar así. Por eso un día me mandó llamar para preguntarme por qué no mejoraba mi trabajo. Ese día había tenido varios percances, estaba de pésimo humor y lo único que se me ocurrió fue decirle que cómo me pedía "excelencia" si lo que me pagaba apenas me alcanzaba para ayudar a mi madre en los gastos de la casa; que para él era fácil como el dueño del lugar, sin preocupaciones, con dinero, venir a pedir a sus empleados "excelencia". En fin... ya se podrán imaginar lo que un mozalbete de 20 años puede decirle a un hombre de más de 60 por el que se siente explotado. Después de esa perorata le dije que si quería renunciaría en ese momento.

—Te ha de haber echado a patadas de ahí —dijo sorprendido Alberto.

—Pues no...

—¿No? —exclamó Carlos.

—Gracias a su respuesta ahora estoy aquí con ustedes, tratando de explicarles el motivo de mi riqueza. El señor Ordóñez, ese era su apellido, me respondió con la siguiente historia.

Los dos amigos pidieron otra cerveza para acompañar la historia que a continuación les relató Julio:

—Mire muchacho —le dijo el señor Ordóñez al entonces joven Julio—, comprendo su frustración como empleado de esta empresa, así que si quiere presentar su renuncia en este instante, yo la acepto y haré que le paguen los honorarios que por ley le corresponden; pero ya que me obligó a escuchar todas sus quejas, ahora tendrá que escucharme a mí, así que puede sentarse.

Julio no podía creer la actitud tranquila y serena de su jefe y no pudo sino obedecer.

—Bien, pues aunque no lo crea, me apena su situación, pero tiene que dejar de quejarse y hacer algo por cambiar. Así que lo primero que va a hacer es dejar de repartir su dinero como lo hace: entre el casero, el abarrotero, los transportes públicos y todos esos lugares, que aunque son indispensables, hacen que nuestro dinero nos sea arrebatado. Cada quincena, usted va a guardar la décima parte de su sueldo para sí mismo.

—Pero si apenas y me alcanza para...

—Escúcheme bien, cada quincena sin falta ahorrará ese dinero y pronto se dará cuenta que su situación no cambiará sin esa parte de su sueldo, así que bien puede prescindir de ella y guardarla para sí mismo.

Los ojos del joven Julio brillaron.

—¿Quiere decir que puedo usarlo para mi diversión como otros jóvenes?

—Si quiere divertirse puede hacerlo, pero no a costa de ese dinero. Con ese capital usted asegurará su futuro.

—Pero...

—Le voy a hacer una pregunta: ¿quiere ser usted rico?

—¡Sí! ¿Quién no?

—Pues bien, le daré los secretos de la riqueza... ese fue el primero... si quiere los demás tendremos que reunirnos otras seis ocasiones, claro, siempre y cuando usted quiera.

—Pero... ¿y el trabajo?

—Ah, sí... lo olvidaba... ¿quiere seguir colaborando con nosotros o prefiere abandonar la empresa?

—¡Nooooo!

—Pues bien, váyase a trabajar y no lo olvide: la décima parte de lo que gane, guárdelo como un tesoro. Ya nos veremos en unos meses. Puede retirarse.

En el bar, Carlos y Alberto miraban asombrados al ahora cuarentón Julio.

—¿No te corrió? —dijo azorado Carlos.

—Por supuesto que no, trabajé ahí todavía otros cinco años.

—Y en cinco años... ¿te hiciste rico?

—Claro que no. En cinco años comprendí lo que tenía que hacer para enriquecerme y me dediqué de lleno a eso y a trabajar en mi propio negocio.

—¡Vaya, no puedo creerlo! —exclamó Alberto.

—Bueno, bueno —entró en confianza Carlos— y

las otras llaves para entrar al templo de la riqueza, cuáles son...

—Se las diré... en las siguientes ocasiones que nos veamos. ¿Les parece bien si nos vemos dentro de tres meses aquí mismo? Me encantó el lugar.

—Estás bromeando, no nos vas a dejar con la duda, ¿verdad?

—Pues ya tienen la primera llave: guardar la décima parte de lo que ganan. ¿Qué más quieren?

—Pero es algo tan simple...

—Tanto que la mayor parte de la gente no cree en sus beneficios. Fue un placer, muchachos. Hasta pronto.

Después de los apretones de manos y palmadas en la espalda, Carlos y Alberto se miraron desilusionados: guardar la décima parte de lo que ganaban... y sólo por eso se habían creado tantas expectativas. Desanimados, pagaron la cuenta y se fueron a su casa.

Los siguientes tres meses

De la desilusión, Alberto pasó a la ira. Pensó que Julio se había burlado de ellos y de su situación. Pero con el paso de los días, llegó a la conclusión de que tal vez valía la pena intentar lo que les había sugerido. Total, ¿qué perdía? De cualquier manera tenía años intentando ahorrar, así que hacerlo de la manera en que su antiguo compañero sugería no le quitaba nada. La siguiente quincena apartó la décima parte de su sueldo y la metió a una sencilla cuenta de ahorro en el banco, la que daba menos intereses, pero también la que cobraba menos comisiones. Las tres primeras quincenas le costó trabajo, las otras tres estuvo tentado a gastarla en algunos gustos para su familia, pero finalmente pasaron los tres meses y logró juntar una suma que, aunque pequeña, nunca pensó en hacerlo.

Carlos, por su lado, también ahorró esa décima, pero Marlene, su esposa, tenía cierto gusto por la ropa, por los fines de semana en algún centro vacacional y los salones de belleza. Así que nunca pasaron más de dos quincenas cuando Carlos terminaba entregándole la cantidad reunida.

De esa manera, los dos amigos trataron de seguir el sencillo consejo de Julio y se reunieron con él pasados los tres meses. Sólo que esta vez no se arreglaron tanto y decidieron cuestionar todas sus sugerencias.

Desde la perspectiva de...
EMILIO AZCÁRRAGA VIDAURRETA

Fundador de la industria radiofónica y televisiva en México y América Latina

El personaje clave que colocó los cimientos de lo que hoy en día es una de las empresas televisivas más importantes en el mundo, Televisa, fue Emilio Azcárraga Vidaurreta, de origen vasco, a quien se le atribuye la visión empresarial para meterse de lleno al negocio de los medios de comunicación.

Nació el 2 de marzo de 1895 en Tampico, Tamaulipas.

Su padre era funcionario de aduanas y tenía asignado un puesto fronterizo en el sur del Paso del Águila, en Texas.

Desde temprana edad tuvo relación con la actividad comercial. A los 17 años trabajó como dependiente en zapaterías, actividad que desempeñó simultáneamente con sus estudios de comercio y economía en una escuela nocturna.

Posteriormente, obtuvo en exclusiva los derechos de distribución de una zapatería de Boston y se dedicó a crear diversos establecimientos de esta naturaleza, además de haber sido agente viajero.

A los 23 años decidió incursionar en otro negocio: la distribución de los primeros autos Ford. Para ello creó la empresa Azcárraga y Copland, lo que le permitió establecer agencias en la zona del Bajío y el norte del país.

Presidía el comité de carreras de automóviles de la Cámara de Comercio, Industria y Minería de Nuevo León, y organizaba las excursiones de los rotarios de Monterrey a Saltillo.

A principios de los años veinte se casó con Laura Milmo, hija del inglés Patricio V. Milmo y nieta de James F. Milmo, accionista mayoritario del Milmo National Bank of Laredo.

La firma Patricio Milmo e Hijos Sucesores se creó el 30 de junio de 1899 para operar como casa bancaria, tenía inversiones en otras compañías dedicadas a la misma actividad, así como en empresas ferroviarias y mineras, y constituye un antecedente relevante en la gestación de la industria de la radio y televisión en México.

A raíz del movimiento revolucionario de 1910 y sus secuelas, la empresa de Patricio Milmo comenzó a mostrar los primeros signos de debilitamiento, su capital se reestructuró y se reorientó hacia actividades económicas más seguras. Así surgió el interés por la incipiente industria radiofónica.

En 1923 Azcárraga Vidaurreta cambió de giro comercial: obtuvo la concesión para ser distribuidor en el norte del país de la Victor Talking Machine, fabricante de radios.

Dos años más tarde, Emilio Azcárraga Vidaurreta se encontraba trabajando en la empresa The Mexico Music, filial de la Radio Corporation of America (RCA) en nuestro país, que se encargaba de la venta de fonógrafos y discos, empleo que resultaría clave para estimular su interés en la radiodifusión.

Así, el 19 de marzo de 1930 fundó en la ciudad de Monterrey la emisora XET —de la cual se desprendería en junio de 1935—, y el 18 de septiembre de 1930 Azcárraga creó la XEW, empresa cuya mayoría accionaria estaba en poder de la Mexico Music Corporation, además de que la emisora formaba parte de la cadena National Broadcasting Corporation (NBC), división radiofónica de la RCA.

En ese lapso, Azcárraga se destacó por fundar más de una docena de emisoras, para dar lugar a la primera cadena XEW-NBC. Su incursión en la radio le permitió acumular experiencia y dinero para entrar al negocio de la televisión.

El 31 de octubre de 1938 surgió la XEQ —en la que participó la Columbia Broadcasting System (CBS)— que serviría de base para crear, siete años después, otra cadena integrada por 16 estaciones. La XEQ transmitía desde los altos del Teatro Alameda de la Ciudad de México, inaugurado dos años atrás, y que en 1950 sirvió para instalar los estudios del naciente Canal 5.

Su alianza con empresas estadounidenses permitió a Azcárraga intercambiar programas con otras emisoras de aquel país. Simultáneamente, se involucró en el negocio cinematográfico al promover en 1944 la construcción de los Estudios Churubusco.

Después formó la Cadena de Oro, integrada por los cines Acapulco, Bahía, Popotla y Arcadia, entre otros. Eran los años en que, según su testimonio, el conductor de televisión Raúl Velasco trabajaba en la agencia de publicidad Arsuna, propiedad de Azcárraga, la cual se encargaba de planear la programación de las películas.

Como respuesta al llamado del presidente Lázaro Cárdenas, quien propuso que toda empresa debía estar integrada a una Cámara que la representara, Emilio Azcárraga promovió la organización de la Cámara Nacional de la Industria de la Radiodifusión, de la que incluso fue presidente. Más tarde, con la anuencia de los radiodifusores de América Latina, creó la Asociación Interamericana de Radiodifusión.

Asimismo, participó en la fundación de la Promotora Hispanoamericana de Música, que tenía como finalidad representar a los compositores mexicanos en el extranjero para el cobro de sus derechos. Y fue accionista mayoritario —al lado de Clemente Serna Martínez— de Radio Programas de México, importante productora y cadena radiofónica surgida en 1941.

Uno de los primeros grupos que se anunciaron en sus emisoras fue la Cervecería Cuauhtémoc. El coordinador del material publicitario era Juan Sánchez Navarro, quien recuerda que tenía la misión de incluir las menciones comerciales en los programas Noticiero Deportivo Carta Blanca y Noticiero Carta Blanca.

A partir de entonces, Sánchez Navarro —según ha confesado— mantuvo una estrecha amistad con Azcárraga. Juntos establecieron una importante red de relaciones en el medio político, con personajes como Juan Andrew Almazán, quien le disputó la candidatura presidencial a Manuel Ávila Camacho.

Posteriormente, ambos consolidaron una afectuosa amistad con el entonces presidente Miguel Alemán Valdés, en el sexenio de 1946 a 1952. Fue en aquellos años cuando Azcárraga construyó en Acapulco varios hoteles como El Papagayo, Ritz y Paraíso.

Con esta amplia experiencia en la radio, y al observar que en Europa y Estados Unidos se preveían nuevos adelantos tecnológicos en relación con los medios electrónicos, Azcárraga se alistó a emprender un nuevo reto: la televisión. Luego de obtener la concesión de XEW TV Canal 2, éste saldría al aire el 22 de marzo de 1951 con la transmisión de un partido de beisbol.

La concesión fue otorgada a una empresa creada ex profeso: Televimex. Sus estudios fueron instalados en los terrenos de lo que inicialmente iba a ser Radiópolis, en avenida Chapultepec 18 —cuya construcción comenzó en septiembre de 1943— y que terminó llamándose Televicentro.

Su cobertura era insuficiente al igual que sucedía con los canales 4 (al aire desde el 1 de septiembre de 1950), concesionado a Rómulo O'Farrill Silva, dueño también del periódico *Novedades*, y el 5, otorgado a Guillermo González Camarena (frecuencia que inició sus transmisiones regulares en agosto de 1952), por lo que el presidente Adolfo Ruiz Cortines propuso que unieran sus esfuerzos para ampliar su cobertura.

El 26 de marzo de 1955, los canales 2, 4 y 5 quedaron agrupados en una sola empresa: Telesistema Mexicano. La alianza entre Azcárraga y O'Farrill quedó sellada y ratificada con un abrazo público en la reunión para conmemorar el Día de la Libertad de Prensa que, debido a la muerte del secretario de la Presidencia, Enrique Rodríguez Cano, no se celebró el 7 sino un día después, el 8 de junio.

Azcárraga Vidaurreta se convirtió en presidente de la nueva empresa y Rómulo O'Farrill padre, en vicepresidente. Emilio Azcárraga Milmo y Rómulo O'Farrill hijo, fueron nombrados gerentes.

Al decidir ambas familias cerrar el paso a la mutua competencia, se fijaron como siguiente meta la expansión. Azcárraga solicitó y obtuvo en 1957 la concesión para operar como repetidora el Canal 6 de Hermosillo, Sonora, entre otras, para iniciar una infraestructura que terminaría por potencializar la presencia de Telesistema Mexicano en todo el país a finales de los años sesenta.

A principios de esa década, Azcárraga decidió extender su labor al sur de los Estados Unidos, para lo cual fundó dos estaciones de televisión: la KMEX, de Los Angeles, y la KWEX, en San Antonio, Texas.

Además, introdujo algunas innovaciones tecnológicas como el videotape y los enlaces vía microondas, lo que sin duda contribuyó más a promover su programación en Estados Unidos y América Latina.

Esta tendencia se afianzó en 1962 al crearse la empresa Teleprogramas Acapulco, filial de Telesistema Mexicano, bajo la dirección de Miguel Alemán Velazco. La última etapa de la vida de Azcárraga Vidaurreta se caracterizó por dos aspectos centrales: su incursión en el terreno de la televisión por cable y el surgimiento de la comunicación vía satélite.

En el primer caso, el 20 de mayo de 1969, obtuvo la autorización provisional para crear una nueva empresa llamada Cablevisión, que en sus primeros años alcanzó 400 suscriptores, la mayoría de los cuales eran norteamericanos radicados en el país.

La decisión de formar Cablevisión se basaba en el hecho de que para Telesistema Mexicano resultaba menos oneroso captar en forma continua la señal de las cadenas de Estados Unidos para difundir eventos especiales a nivel internacional, que realizar enlaces microondas de manera ocasional. En agosto de 1974 se otorgó a Cablevisión la concesión definitiva.

En relación con la comunicación vía satélite, al darse cuenta de que ésta tendría una gran importancia en un futuro muy próximo, y ante la puesta en marcha del primer satélite comercial de comunicaciones en 1965, llamado *Early Bird* (pájaro madrugador), Azcárraga decide dar los primeros pasos en ese sentido.

A través de Telesistema Mexicano se transmitieron los primeros programas vía satélite y, al concluir el gobierno los trabajos para instalar una Red Federal de Microondas así como la Estación Terrestre para Comunicaciones Espaciales de Tulancingo, la empresa pudo difundir mediante la tecnología satelital los Juegos Olímpicos de 1968.

Cuando en 1972 Televisión Independiente de México (TIM), concesionaria del Canal 8 —propiedad del Grupo Alfa, llamado en ese entonces Visa—, y Telesistema Mexicano deciden fusionarse, surge una nueva empresa: Televisión Vía Satélite (Televisa).

Y es que como el propio Azcárraga había dicho a finales de los años cincuenta: hay dos medios de comunicación, la tierra y el aire. Los políticos y la mayoría de los empresarios nunca vieron el aire como negocio, sino que se concentraron en la tierra y el mar. El negocio es el aire. Los negocios futuros de la comunicación no estarán en la televisión, la radio, el cine o la prensa, sino en la capacidad de transportar una señal, cualquiera que sea, y transformarla en televisión, radio, cine o prensa.

El 23 de septiembre de 1972, a los 77 años de edad, Emilio Azcárraga Vidaurreta falleció en Houston, Texas.

Capítulo III
APRENDA A CONTROLAR SU DINERO, QUE NO LO CONTROLE ÉL A USTED

Esa ocasión, Alberto y Carlos llegaron con la espada desenvainada, pero al llegar al videobar no encontraron a Julio. Desencantados se sentaron y comenzaron a charlar; Julio llegó poco después dando sus disculpas.

—Perdón, cuestión de trabajo, ya saben.

—Lo bueno es que llegaste.

Julio aún no terminaba de acomodarse en su asiento y pedir algo de tomar, cuando Carlos lo abordó desesperadamente.

—Es increíble la forma en que nos timaste.

—¿De qué hablas?

—Eso de la décima parte.

—¿Sí?

—Es imposible...

—¿Por qué dices eso?

—Jamás pude reunir esa cantidad.

—¿Por qué?

—Pues siempre se tienen gastos extras.

—¿Como cuáles?

—Ya sabes... restaurantes, ropa, salidas...

—Entonces si ahorraras esa décima parte jamás podrías comer fuera, ni tendrías ropa ni saldrías de vacaciones.

—Pues... en realidad sí podría hacerlo.

—¿Entonces?

Fue entonces cuando Alberto intervino:

—Yo gano menos que tú y sin embargo pude hacerlo.

Carlos lo miró con rostro de confusión.

—Quizá no te estás administrando de manera adecuada —objetó Julio.

—Entonces ¿qué debo hacer?

—Por lo que me dices, fueron gastos que hiciste para tu familia.

—Pues sí, a Marlene, mi esposa, no le gusta escatimar en gastos y...

—Ahí está el problema... quizá debas hablar con ella.

Alberto, que conocía a la esposa de Carlos, asintió inmediatamente.

—Lo más importante es aprender a manejar las finanzas de la familia en bienestar de todos y ponerse de acuerdo con la pareja en función de un objetivo común.

—Suena bien... falta que Marlene acepte.

—Si es sensata y se lo planteas de la manera adecuada, lo aceptará.

Después de un par de horas, Julio les dio algunos consejos sobre cómo organizar sus gastos y quedaron de verse nuevamente algún tiempo después.

Controle sus gastos

La mejor forma de controlar sus gastos es mediante un presupuesto; esto es un *plan* para organizar sus gastos y ahorrar dinero. Hacerlo y guiarse por él le ayuda a tener dinero disponible para las cosas que quiere y necesita. Cuando no lleva la cuenta de sus gastos, el dinero parece desaparecer. Usted no sabe en qué gastó su dinero, y quizá no puede comprar las cosas que desearía tener. Cuando sepa en qué se gasta su dinero, sentirá que tiene el control. Es más fácil pagar sus cuentas puntualmente, ahorrar dinero cada mes y así evitar problemas.

La mejor manera de hacer un presupuesto para el futuro es saber en qué gasta su dinero ahora. Primero, mire de dónde viene y a dónde va su dinero. Tenga por escrito todos sus ingresos y gastos por uno o dos meses antes de crear su presupuesto. Lleve la cuenta de todas sus compras —desde una taza de café hasta los boletos de cine—. Escríbalos en un cuaderno o guarde los recibos.

Anote qué clase de gastos tiene y cuánto gasta cada mes. Incluya el dinero que usted ahorra todos los meses. Sea práctico cuando haga el presupuesto, para que le sea fácil seguirlo. Utilice una hoja de trabajo para crear su presupuesto.

La clave para tener éxito con su presupuesto es mantener una contabilidad sencilla. Al igual que cuando comenzó a crear el presupuesto, usted necesitará saber de dónde viene su dinero y a dónde va. Use el sistema que le funcione mejor. Repito: anote lo que gasta en un cuaderno o guarde los recibos de todas sus compras.

Una de las maneras más fáciles de llevar un registro de sus gastos es con una cuenta corriente. Así cuando pague sus compras con cheques o tarjeta de débito, usted ya tendrá el récord en su estado de cuenta mensual. De esta manera sólo tiene que llevar la cuenta de unos pocos gastos que pague en efectivo.

A fin de mes, compare lo que realmente gastó con su presupuesto. Compruebe que mantuvo sus gastos de acuerdo con su plan y busque maneras de cortar gastos.

No se rinda si se le hace difícil mantener su presupuesto durante los primeros meses. Establecer un plan que le funcione toma tiempo. Sea flexible. Si su presupuesto no está funcionando, cámbielo. Los programas de computadora como Quicken le pueden facilitar la tarea de hacer el presupuesto.

La forma en que usted administra su dinero afecta cómo podrá satisfacer sus necesidades ahora y en el futuro. Las cuentas corrientes, los cajeros automáticos, las tarjetas de débito y los préstamos le pueden ayudar a administrar su dinero.

A continuación le muestro un formato con el que puede manejar sus gastos familiares. Aunque considera la mayor parte de los gastos comunes de un hogar, finalmente usted puede adaptarlo a sus necesidades

Ingresos

Salario 1	Empresa para la que se trabaja	Sueldo $
Salario 2	Empresa para la que se trabaja	Sueldo $
Salario 3	Empresa para la que se trabaja	Sueldo $
Otros ingresos	De dónde se obtienen	Ingresos $
		Total $

Egresos

Ahorro	10%
Alquiler o hipoteca de vivienda	$
Pago del auto	$
Cuidado de los niños	$
Servicios públicos (teléfono, agua, etcétera)	$
Comida	$
Otros gastos (cable, internet, servicio doméstico, etc.)	$
Otros (diversiones)	$
Total	$

Negociar con la pareja es un buen negocio

Finalmente, Carlos tuvo que sentarse a charlar con Marlene sobre cómo administrar el dinero familiar. No fue fácil ni llegaron a un acuerdo en la primera sesión, hubo algunas diferencias, incluso a veces se levantaron la voz, pero lograron crear su propio control de gastos y los dos quedaron satisfechos.

No se puede vivir a lo grande sin contribuir

Carlos no le pidió a Marlene que saliera corriendo a buscar empleo. Habían logrado vivir bastante bien sólo con los ingresos de Carlos; decidieron que preferían que ella se quedara al cuidado del hogar y de los niños. Sin embargo, aunque el trabajo de Marlene es fundamental para el buen funcionamiento del hogar, tuvo que renunciar a varios lujos innecesarios como: visita al salón de belleza cada semana, fines de semana con los amigos —a menos que hubiera un festejo especial como cumpleaños o bodas—; las salidas al café con las amigas se restringían a invitarlas a tomarlo en casa o bien ir a la casa de alguna de ellas. Acciones como éstas disminuyeron notablemente los egresos y todos quedaron contentos.

Ajustar cuentas con el cónyuge derrochador

Puede platicarse tranquilamente al respecto sin alterarse y en forma cariñosa, sobre todo resaltando las virtudes del derrochador, pero evidenciando la importancia de ajustarse a un presupuesto.

Elija el momento adecuado
Por favor no se lo diga cuando acabe de levantarse ni después del funeral de su mejor amigo. Busque un momento a solas y cuando los dos estén de buen humor.
No lo discuta entre semana ni cuando estén cansados.
Si usted está esperando que su esposo(a) regrese del

trabajo un jueves por la noche después de que éste ha pasado una hora enfrascado en el tráfico, créame, no llegará a ningún acuerdo.

No acuse
No haga sentir culpable a su pareja, ni amenace ni acuse. Solamente proponga.
Concéntrense en un objetivo y revise sus metas (educación de los hijos, retiro, etcétera).
En la discusión sobre las finanzas familiares no hay competencia ni ganadores ni perdedores. Este es un juego de equipo donde todos ganan, así que elijan juntos sus objetivos.

Discuta de antemano los gastos mayores
Primero es lo primero. Pongan sus prioridades.

Negocie con anticipación cualquier gasto superior
Si va a cambiar su auto o le va a pagar un viaje a Hawaii a su hija de 15 años, por favor avísele a su pareja antes de hacerlo y evalúen si es indispensable hacer ese gasto o si se puede sustituir por algo igual de eficaz pero menos caro.

Las frases de los triunfadores

Mucha gente ve en el riesgo un enemigo, cuando en realidad es el aliado de la fortuna.

STING

Compra solamente lo necesario, no lo conveniente. Lo innecesario, aunque cueste un solo céntimo, es caro.

SÉNECA

No basta saber, se debe también aplicar, no es suficiente querer, se debe también hacer.

GOETHE

Si quieres tener rendimiento dentro de un año, planta arroz; si lo quieres dentro de diez años, planta árboles; si lo quieres dentro de cien años, planta hombres.

REFRÁN CHINO

El único presupuesto bueno es el presupuesto equilibrado.

ADAM SMITH

Capítulo IV
Cómo llenar un saco vacío

Así, unas semanas después, los amigos se reunieron de nuevo. Esta vez eligieron un café, el cual era más económico y servía para el mismo fin: encontrar el camino hacia una mejoría económica.

Carlos comentó cómo había llegado a un buen arreglo con Marlene y comenzaban a ver crecer una cuenta de banco por primera vez en sus vidas. Por su parte, Alberto, además del dinero que había logrado reunir los tres primeros meses de ahorro, también había organizado su presupuesto, de tal manera que ahora no sólo ahorraba el 10% de sus ingresos, sino el 15, situación que realmente lo tenía muy contento y sorprendido.

—Todos estos años —dijo— me la pasé quejándome de que no me alcanzaba para nada y ahora que veo cómo cada mes sube mi cuenta bancaria, apenas puedo creerlo.

—Yo siempre evité hablar con Marlene sobre dinero —añadió Carlos—, y ahora hasta reñimos menos pues hemos aprendido a organizarnos antes de tomar cualquier decisión.

Julio los miraba sonriente al ver los resultados de los consejos que les había dado a sus dos viejos amigos.

—Ahora que han aprendido a controlar sus gastos y a ahorrar, comprobarán que ese antiguo proverbio que dice: "dinero llama a dinero", es totalmente cierto.

—¿Por qué lo dices? —cuestionó Carlos.

—Pues, si se dan cuenta, ahora que organizan su dinero, parece que caen ingresos extras de todas partes.

—Es cierto —dijo Julio—, desde que ahorro y controlo mis gastos siento que el dinero me rinde más y hasta el dinerito que sacaba por trabajos extras ya no vuela. Sé dónde está cada centavo.

—Así es...

—Pero tú todavía nos debes algo —dijo muy serio Carlos.

Julio lo miró sorprendido.

—No nos has platicado el resto de tu historia.

—Es verdad —respondió sonriente Julio.

Julio se remontó nuevamente a sus años juveniles, cuando empezó a ahorrar de su raquítico sueldo el 10%; hasta que algunos meses después volvió a conversar con su jefe, el señor Ordóñez.

—Veo que ha tomado en cuenta mis consejos, jovencito.

El joven Julio volteó asustado, era el señor Ordóñez que miraba con satisfacción la forma en que llevaba la contabilidad de lo vendido durante el día.

—Sí, señor, la verdad es que debí tomar en cuenta antes sus sugerencias, me han sido de mucha utilidad.

—Venga conmigo.

Patrón y empleado entraron a la oficina donde ya una vez habían discutido. Julio se sentó tranquilamente y esperó a que su jefe comenzara a hablar.

—¿Ha seguido mi sugerencia de guardar para sí el 10% de su salario?

—Sí, señor.

—¿Y qué le ha parecido?

—Muy bien, señor. Al principio me costó trabajo, pero compré una libreta especial para anotar todos mis gastos y de esa manera pude organizarme mejor. Ahora tengo un pequeño capital en el banco, pero aún es muy pequeño, aún no sé para qué me servirá esa cantidad. Estoy tentado a comprarle algo a mi madre con ese dinero. La pobre trabaja tanto...

—Es muy loable su forma de pensar, pero esa no es la mejor manera de ayudarla. Ahora que ha aprendido a distribuir su dinero y a ahorrar, es hora de dar el siguiente paso.

El joven Julio lo miró casi sin respirar. El señor Ordóñez al ver la emoción de Julio le dijo lentamente:

—Haga trabajar a su dinero para usted.

Julio se quedó callado, esperando la continuación de esa frase. Pero el señor Ordóñez guardó silencio. Después de una larga pausa, Julio se atrevió a preguntar.

—No entiendo de qué me habla.

—Pues eso, usted ya trabajó para obtener ese dinero, ahora haga que ese dinero trabaje para usted.

—Sigo sin entender.

El señor Ordóñez sacó de un cajón una hoja de papel y un bolígrafo que le entregó a Julio y ordenó:

—Anote... Cómo llenar un saco vacío... ¿Ya acabó? Bien... anote: 1) ahorrar, 2) organizar los gastos, 3) poner a trabajar su dinero. En este último anote estos incisos: a) buscar a conocedores, olvídese de los principiantes y de los soñadores, b) evitar caer en malas manos, c) busque una inversión confiable, d) busque algo que le guste, e) infórmese sobre el tema. ¿Ya lo tiene todo?

Julio escribió tembloroso y con rapidez todo lo que el señor Ordóñez le dictó. Pero cuando levantó la vista se veía aún más confundido.

—El paso número uno usted ya lo dio: ahorrar. El dos lo intuyó, así que ya está en buen camino. Ahora debe actuar y dar el tercer paso.

—Pero, ¿cómo?

—Usted debe invertir su dinero... ¿en qué? Solamente usted puede saberlo, pero le repito: es importante que considere los cinco incisos que le dicté al final, si lo hace así, su dinero comenzará a trabajar para usted. ¿Tiene alguna duda?

Julio se quedó mudo. Tenía muchas dudas, pero estaba confundido y no atinaba a decir palabra alguna. El señor Ordóñez se levantó y dijo:

—Si es así, nos vemos la próxima vez. Fue un placer volver a verlo.

Carlos y Alberto miraban ahora a Julio, de la misma manera que una vez el joven Julio había mirado a su jefe.

—¿Eso fue todo? —dijo Alberto.

Julio asintió.

—¿Qué hiciste? —cuestionó Carlos.

—Después de salir de mi asombro, que, he de ser sincero, fueron varias semanas, y de leer y releer el condenado papelito, alcancé a comprender algo.

—¿Qué?

—Mi madre, como les dije, era costurera, pero además había hecho unos estupendos diseños de vestidos de noche. Yo, por mi parte, me había hecho conocedor de todos los tipos de tela, gracias a mi trabajo; además, como trabajador de la empresa, me hacían un descuento especial en los productos que ahí se vendían, así se me ocurrió la idea de comprar la tela y dársela a mi madre para que me confeccionara esos diseños. Posteriormente, toqué la puerta de diversas boutiques y tiendas de ropa, hasta que logré colocar los diseños de mi madre en varias de ellas. Tiempo después, nos llegó tal carga de trabajo que nos vimos en la necesidad de contratar un par de ayudantes para mi madre. De esa manera fue creciendo un pequeño negocio que después se convirtió en la empresa que ahora manejo...

—¡Claro!... Moda y Diseño... es una de las mejores marcas de ropa en este país —exclamó Alberto.

Julio sonrió orgulloso. Carlos aún lo miraba dudoso y preguntó:

—¿Quieres decir que tenemos que poner un negocio?

—No necesariamente.

—¿Entonces?

—Lo importante es poner a trabajar su dinero para ustedes.

Así que Julio les presentó algunas ideas de poner a trabajar su dinero, y en eso se fueron dos horas más. Después de ese rato, los amigos se despidieron de nuevo, no sin antes recalcar las cinco recomendaciones para cualquier inversionista:

a) Buscar a conocedores. No acudir a principiantes ni soñadores, ya que éstos, aunque bien intencionados, no suelen ser ricos, así que hay que dudar de sus consejos.

b) Evitar caer en malas manos. No acercarse a gente de dudosa reputación o que no esté respaldada por una empresa confiable o antecedentes intachables.

c) Busque una inversión confiable. No olvide investigar sus antecedentes y enterarse por quiénes está manejada.

d) Busque algo que le guste. Cuando nos dedicamos a algo que nos interesa es más fácil estar al tanto de nuestra inversión, además de que mantenemos una actitud positiva.

e) Infórmese sobre el tema. No deje que lo timen, entre más sepa sobre cómo va a invertir su dinero, mejores resultados tendrá.

La actitud de un inversionista

El ahorro de dinero por meses y años, quizá privándose de algunos placeres, siempre da frutos, pues rescata al ahorrador de los vaivenes económicos. Sin embargo, es importante que aprenda a invertir su dinero para obtener mayores ganancias de las que podría obtener con el simple ahorro, movilizando el capital, enfrentando riesgos de pérdida temporales o los altibajos del mercado financiero, pero con una planificación de objetivos de rédito mayor al ahorro, puede ir incrementando altamente sus ingresos. En la primera elección, el capital permanece fijo constantemente, sin ninguna movilidad, y si bien se tienen menores riesgos, también disminuyen las posibilidades para incrementar su capital.

También es cierto que con el ahorro inicial se parte de una cierta base para tomar luego distintas determinaciones, pero desde una posición de fortalecimiento inicial.

Sin embargo, cada una de estas decisiones están relacionadas con diferentes actitudes de las personas que las toman.

Si se ahorra, el dinero, aunque sigue siendo el mismo, adquirirá un carácter acumulativo que puede obtener intereses o dividendos. En cambio, la inversión puede disminuir o aumentar, dependiendo de las decisiones que se tomen o dónde se decida invertir ese dinero.

Las personas que eligen ahorrar su dinero suelen hacerlo de las siguientes formas: cuentas de ahorros en los bancos, plazos fijos, letras u otro tipo de operaciones que respeten su capital inicial y no lo pongan en riesgo. Este sistema, aunque puede dar algunos rendimientos, dependiendo del plazo y la tasa de interés, casi siempre hace que el capital inicial disminuya debido a los pagos que se tienen que hacer por cada movimiento que el titular haga en la cuenta bancaria. Pero fundamentalmente, el capital inicial no sufrirá cambios.

Las operaciones de inversiones que se pueden realizar son muy variadas e incluyen los siguientes ejemplos: bonos (son compromisos de pago que puede brindarlos el Estado a largo plazo en su necesidad inmediata de dinero efectivo), acciones de la Bolsa, propiedades (casas, terrenos) e incluso artículos de colección (antigüedades, oro, monedas, estampillas). En estos últimos casos, el aumento de su valor lo brindará su disponibilidad en el mercado y la antigüedad que adquieran con los años, y será fijado por el intercambio con los colegas o la venta a particulares.

Existe un punto en el cual se complementan estas dos operaciones: el ahorro y la inversión, que es el capital inicial que se necesita acumular para luego decidir qué destino se le va a dar.

Toda persona que esté dedicada a invertir su capital, debe tener la tranquilidad de contar con una situación financiera fortalecida que se componga de las siguientes disponibilidades:

a) Una propiedad de la que sea en gran parte dueño.

b) Una cantidad de dinero de reserva para afrontar con ella los gastos necesarios de los 2 a 6 meses que se tienen que esperar para los réditos de las inversiones.

c) Algún seguro de salud, vida y propiedad que lo proteja de riesgos imprevistos.

d) Un plan de jubilación para el momento de su retiro.

Sin embargo, no cualquier persona está preparada para realizar una inversión y requiere de un asesoramiento y búsqueda previa de información para conocer las claves esenciales del mercado financiero y cuáles son los principales inconvenientes actuales, el modo de preverlos, protegiéndose para el futuro.

Hay otro tipo de inversiones que también se realizan en mercados como el agropecuario, donde se apuesta al valor futuro que tendrá la cosecha de determinados cereales como el trigo, el maíz, la soja, en relación con el precio de venta local e internacional que se estima adquirirá en meses posteriores. Por medio del Mercado a Término, los agropecuarios suelen "negociar" los valores a futuro de sus posesiones y en el caso que un agricultor no posea el dinero para financiar su cosecha, puede adquirir una financiación vendiendo su cosecha a futuro según distintos tipos de reglas.

Será necesario que el inversionista común se informe sobre los negocios de futuros, los bonos, las inversiones internacionales, los riesgos y las acciones. Esto también le ayudará a conocer el mecanismo de operaciones que se realiza en la Bolsa de Valores, para tener un panorama más amplio de los riesgos que corren y de qué dependerán sus inversiones.

Otro aspecto previo a tener en cuenta es el de analizar su capacidad de sostenerse en los riesgos y la viabilidad que posee para ir cambiando sus decisiones según los rumbos que va tomando el mercado a cada momento. La información que brindan las revistas, la televisión, la radio, los economistas y columnistas de opinión, así como también las publicaciones de los ámbitos entendidos en internet, deberán pasar a ser su compañía constante para mantenerlo al tanto de la situación del mercado.

Determinar las metas a alcanzar es un proceso interno que debe ser decidido según sus necesidades y prioridades posteriores. Pero no se confunda ni se entusiasme con la idea que de un día a otro usted aumentará su capital. Aún cuando la marcha de las acciones en la Bolsa de Valores vaya tomando un rumbo positivo y estable por un lapso de tiempo prolongado, la estabilidad no está garantizada por nadie.

En general, la inversión o el ahorro se consideran una segunda actividad además de la comercial o profesional en que se desenvuelven las personas. Por eso, habrá que evaluar el tiempo disponible para controlar la marcha de estas operaciones, así llevar un registro diario y constante de sus cambios y realizar un análisis continuo de su estado. De usted depende.

Los dos puntos que nos importan cuando realizamos el cálculo del rendimiento de una inversión son: a) cuánto gané realmente y b) en qué tiempo.

Si por ejemplo obtuvo un 10% directo durante un mes en alguna inversión, expresado anualmente puede decir que es aproximadamente un 120%.

Todas las ganancias en inversiones se expresan en términos anuales, de esta forma se establece un patrón de comparación uniforme.

Por ejemplo: si compró una acción en $23 y la vendió en $30 durante un mes, su rendimiento directo es de 30.43%. Por lo tanto, anualmente será aproximadamente de 365.16%. Regla de tres simple, ¿se acuerda?

Si su decisión es invertir en la Bolsa, lo primero que debe saber es que ésta es una institución independiente que cumple la función de nexo entre las empresas y los inversionistas.

Aquellas empresas que desean abrir su capital a la oferta pública, se acercan a esta institución y luego de cumplir con los requisitos necesarios, están en condiciones de entregar parte de su capital accionario a cambio de dinero; mismo que será destinado para distintos fines dentro de dicha empresa: nuevos proyectos, financiación, cancelación de deuda, expansión, modernización, etcétera.

Vamos a dar un ejemplo sencillo para poder aclarar el panorama en forma práctica. Supongamos que usted es dueño de una empresa e invirtió 10 000 pesos para crearla y echarla a andar. Pues bien, ahora necesita dinero para un nuevo proyecto por la suma de 3 000 pesos pero ya no tiene dicho capital.

El siguiente paso para conseguir dicha cantidad sería ofrecer el 30 % de su empresa a cambio del dinero. Usted por ejemplo podría salir a ofrecer, mediante el régimen de oferta publica, 3 000 acciones de su empresa con valor de un peso cada una.

Hasta aquí tenemos un simple panorama: usted consiguió el dinero para invertir y los inversionistas tomaron a cambio acciones de su empresa pues creen en su éxito. Si lo vemos desde el otro lado del mostrador, apreciamos que el inversionista en lugar de dinero tiene acciones.

¿Por qué alguien decidiría cambiar dinero por acciones? Simple: porque evaluó las posibilidades que existen con respecto a dicha empresa, y dedujo que ganaría mercado frente a sus competidores, por lo cual aumentarían sus ventas, generaría más ganancia y por ende la empresa podría valer a fin de año 12 000 pesos.

De acuerdo con este razonamiento y de cumplirse la percepción, el inversionista, unos meses después de haber comprado acciones que costaban un peso, tendría esas mismas acciones cuyo valor sería de 1.20 pesos por cada una, lo cual le dejó una ganancia de 20 % por haber visto a futuro esa posibilidad de crecimiento.

Todos los días en nuestro mercado millones de acciones cambian de dueño y esto se debe a la evaluación que los inversionistas hacen de cada empresa. Mientras que para algunos es momento de dejar de participar en cierto proyecto, para otros recién comienza a ser rentable. Esto permite el libre juego de oferta y demanda de acciones y es lo que básicamente hace funcionar el mercado.

Si una gran cantidad de inversionistas observa que determinada empresa tendrá mejores resultados, seguramente habrá mucha demanda de acciones y a su vez poca oferta, lo cual obligará a quienes deseen comprar a pagar un precio superior por ellas. En sentido inverso, cuando una empresa muestra indicios de desmejora, seguramente los dueños de acciones decidirán que es momento para hacerse del dinero intentando vender, en este caso será mayor la oferta que la demanda, por lo que los precios tenderán a bajar.

Este juego es el que permite el movimiento diario de capitales y está basado pura y exclusivamente en la especulación. Tan simple como eso.

Ahora, si su pregunta es: "¿Qué son las acciones?" La respuesta es la siguiente: las acciones representan una porción de una empresa. El conjunto total de acciones de una empresa es su capital. Quien posee una acción de una empresa es dueño del porcentaje que esa acción representa de dicha empresa.

Como accionista de la empresa usted puede asistir a las asambleas, conocer los proyectos, acceder a los presupuestos y en la mayoría de los casos, opinar, sugerir y votar por las decisiones sobre el futuro de dicha empresa. Mediante la compra de acciones también se adquieren derechos sobre la empresa de la cual se es accionista.

Hoy en día es muy frecuente ofrecer a los inversores una clara política de retribución. Así, por ejemplo, existen empresas que reparten dinero en efectivo por cada acción que uno posea de ella y el inversionista puede saber fácilmente cuál será el monto de su dividendo, dado que éste es anunciado con anticipación y está basado en un exhaustivo análisis del flujo monetario de la empresa.

Otros derechos serían los dividendos en acciones, donde por cada acción que uno posea, recibirá una cantidad determinada de acciones nuevas de esa u otra compañía del grupo. Asimismo, se tiene derecho preferencial en el caso de suscripciones, dándole la posibilidad al inversionista de adquirir más acciones a un precio relativamente menor de lo que originalmente cotizan en el mercado.

Obviamente, las empresas y sus decisiones son extremadamente dinámicas, y día tras día se buscan nuevas y mejores estrategias, por lo cual siempre existirán posibilidades de inversión más o menos atractivas.

La gran ventaja que tiene un inversionista es que puede modificar su cartera de inversión cuando quiera y cuantas veces desee, y con sólo una llamada telefónica o una orden electrónica puede incrementar su participación en una empresa, disminuirla, cambiarla por otra o simplemente deshacerse de todo y volver a tener su dinero.

Es importante tener en cuenta algunos aspectos elementales a la hora de decidirse por una inversión:

a) Conocer la empresa y algo de su historia.

b) Analizar el sector y su desarrollo y, sobre todo, tener muy claro su perfil de inversionista, lo cual nos dará una muestra clara de los pasos a seguir y el sector donde nos desenvolvemos.

De esta manera usted tendrá las herramientas necesarias para tomar decisiones y dirigir sus ahorros a una inversión exitosa.

Lo bueno, lo malo y lo feo de las tarjetas de crédito

Aunque las tarjetas de crédito son útiles también traen riesgos. Hasta las personas que son responsables con su dinero pueden meterse en líos con tarjetas de crédito. El problema es que suelen usarlas con demasiada frecuencia y sus deudas aumentan. Entonces sólo pueden pagar cantidades pequeñas todos los meses. A la larga les resulta muy caro por los intereses y los recargos.

Lo bueno: se pueden hacer compras, crear historial crediticio para conseguir crédito hipotecario o un auto.

Lo malo: que fácilmente se salen de control los gastos.

Lo que se puede poner feo: si tiene muchas, le tomará gran parte de su vida pagarlas y dañarán su historial.

Las frases de los triunfadores

Muchísima gente se ha vuelto pesimista por financiar a optimistas.

C.T. JONES

Mucho dinero y poca educación, es la peor combinación.

VALENTÍN MORAGAS ROGER

No estimes el dinero en más ni en menos de lo que vale, porque es un buen siervo y un mal amo.
ALEJANDRO DUMAS

No digas que el dinero es un bien si no sabes hacer buen uso de él.
JENOFONTE

Capítulo V
NO HAY HOMBRE RICO QUE ESTÉ LLENO DE DEUDAS

Carlos y Alberto, como buenos representantes de la clase media, estaban llenos de deudas, así que tuvieron que integrar a su control de gastos el pago de deudas. Aunque al principio estaban renuentes a ello. Julio les aconsejó en su siguiente reunión:

—Paguen sus deudas, muchachos, no dejen ni una sin pagar.

—Son demasiadas; además de ahorrar, ahora pagar. ¿Cuándo voy a poder gastar lo que tengo en algún gusto?

—¿Tienes deudas?

—Así es... demasiadas.

—¿A quién le debes?

—Pues al banco, a algunos amigos, a la familia.

—¿Por qué te prestaron ese dinero?

—Pues en ese momento necesitaba hacer algunos gastos, no tenía el dinero suficiente y...

—Porque confiaron en ti... te prestaron el dinero teniendo la seguridad de que lo devolverías.

Carlos se quedó mudo. Nunca lo había valorado así. Realmente la gente que le había prestado dinero había creído en su honestidad y le había echado la mano de buena fe.

—La única forma de corresponder a esa amistad es pagándoles. Así que, si pudiste ahorrar el diez por ciento de tu salario, ahora podrás vivir sin otro diez por ciento para poder pagarle a tus acreedores.

Esa reunión, aunque breve, fue toda una lección: Paga tus deudas, si quieres hacerte rico.

¿Por qué es importante pagar mis cuentas puntualmente?

Es importante que usted pague sus cuentas puntualmente para evitar recargos y para proteger su crédito. Si no lo hace, terminará pagando más porque tendrá que pagar recargos de financiamiento.

Las agencias que reportan sobre crédito guardan un registro con datos de sus acreedores, cuánto deben, y cuándo pagan sus cuentas. Este registro se llama *reporte de crédito*. Cuando usted solicita crédito (tal como un préstamo o tarjeta de crédito), el acreedor revisa su reporte de crédito. Si paga sus cuentas puntualmente, podrá obtener el crédito que necesita a un costo razonable. Si paga sus cuentas tarde, será más difícil obtener crédito y tendrá que pagar más.

Por otra parte, ¿sabe que si se mantiene al corriente de sus pagos de impuestos, cada año recuperará hasta un 30% de lo que abonó?

Todos los años la Secretaría de Hacienda recauda los impuestos federales. Todos los estados tienen una agencia que recauda las contribuciones estatales. Usted paga contribuciones federales y estatales durante todo el año porque su empleador o patrón deduce los impuestos de su sueldo y se los da al gobierno.

Así que si hace cuentas, comprobará que al pagar sus impuestos no sólo se evitará muchos problemas de multas, recargos o hasta una visita a la cárcel, sino que estará ayudando a mantener los servicios que le otorga el gobierno como drenaje, agua, electricidad, educación para sus hijos, seguridad en las calles, apoyo para adquisición de vivienda y todo, todo lo que el Estado ofrece a sus ciudadanos.

Por último, si un familiar o un amigo le prestó dinero en un momento de urgencia, ¿por qué no pagar su confianza devolviendo ese dinero? De esta manera no sólo conservará su afecto y amistad, sino la posibilidad de que le vuelva a prestar dinero si es que lo requiere en un futuro.

Piense en todo esto y comience a organizarse para pagar poco a poco sus deudas sin quedarse con los bolsillos vacíos.

Trucos inteligentes para jóvenes con futuro

Felicitaciones, ¡ya tiene un trabajo! Su primer trabajo de tiempo completo o tiempo parcial puede ser apasionante, abrumador e intimidatorio... todo al mismo tiempo. El mayor beneficio, naturalmente, ¡es contar con un verdadero cheque de pago! Antes de que salga corriendo y se gaste completamente su primer salario, hay una serie de "movidas" financieras que debe considerar:

1. Decídase a ahorrar. Ahorrar es tomar una decisión según la cual, en lugar de gastar todo el dinero que tiene, separa una parte para uso futuro. Puede ahorrar algo de dinero y mantenerlo en casa o colocarlo en una cuenta de ahorros en un banco. No se puede negar que ahorrar es una disciplina. Si tiene en cuenta que el ahorrar le beneficiará, será más fácil transformar este hábito en una prioridad financiera. Empiece con poco si le cuesta mucho trabajo, por ejemplo, guarde 50 pesos por quincena, cuando lo logre vaya incrementando la cantidad hasta que logre ahorrar el 10% de su salario o más.

2. Haga que el tiempo opere a su favor. Si es joven y comienza a ahorrar tendrá un gran factor que trabajará a su favor cuando se trata de dinero: el tiempo. Si toma la decisión de ahorrar para su futuro sólo deberá tomar una pequeña parte de su ingreso, podrá aprovecharlo y hacer que crezca a un ritmo mucho mayor que si ahorrara sólo 10 o 15 años desde ahora.

Por ejemplo, si comenzó ahorrando $100 por mes a la edad de 25 años, cuando llegue a los 65 habrá ganado más de $630 000. Pero si espera hasta los 45 años para comenzar a ahorrar $100 mensuales solamente habrá acumulado poco menos de $76 000. ¡Se trata de una diferencia de $554 000!

Cuanto más joven comience a ahorrar e invertir, más se beneficiará de la magia del "interés compuesto". Pero, ¿qué es interés compuesto? Para decirlo en forma sencilla, es el punto en el cual su dinero comienza a ganar dinero por sí mismo. Supongamos que invierte $100 en una cuenta que le paga un 5% de interés. El interés es el dinero que el banco le paga por haber invertido su dinero con ellos.

De modo que al fin del primer año tendrá sus $100 más su $5 de interés. El segundo año, empieza con $105. Ahora estará obteniendo interés por sus $100 originales más $5 de interés que usted ganó. Cuando el interés compuesto comienza a funcionar a gran escala, el dinero verdaderamente se acumula.

Una vez que tenga ahorros, vea y compare qué tipos de tasa de interés puede obtener por invertir su dinero. Podría considerar inversiones como depósitos a plazos fijos (certificados de depósitos o CDs), bonos y cuentas en el mercado de dinero que ofrecen tasas de interés fijas.

3. Establezca algunas metas. Anote una o dos metas relacionadas con el dinero para los próximos cinco años. Tener una meta le proporciona algo tangible para trabajar y le puede ayudar a mantenerse disciplinado cuando se sienta tentado a gastar en lugar de ahorrar. Quizá su meta es tomarse unas divertidas vacaciones con sus amigos, comprar un auto, pagar sus préstamos estudiantiles o comprar una casa. Cuando tiene una meta concreta, o un conjunto de metas en mente, es más fácil crear un plan para alcanzar tales aspiraciones, así como estar motivado y ajustarse a él.

Usted aumentará sus posibilidades de alcanzar realmente sus metas si las descompone en pasos pequeños más "manejables". Por ejemplo, si su meta es comprar un auto, decida cuándo le gustaría comprarlo. Anote la fecha (mes y año). ¿Qué tipo de auto le gustaría comprar? Anote también este dato y comience a efectuar su investigación en internet, en revistas especializadas, en su biblioteca local o hablando con los concesionarios locales de automóviles para ver qué plan de pago le convendría. Compare precios del seguro de auto (obligatorio al momento de comprar el vehículo). Vea dónde puede conseguir la mejor oferta. A medida que cumpla cada paso y ahorre para acercarse a su meta, dése sus propias "recompensas". A veces, con sólo ver el progreso alcanzado lo sentirá como una recompensa en sí misma.

4. *Depósito directo para ahorros.* Naturalmente, todos decimos que queremos ahorrar dinero. Pero cuando se trata de hacerlo efectivamente, es duro tomar la decisión de ahorrarlo en lugar de gastarlo. En este caso el depósito directo se convierte en una herramienta práctica. Puede hacer que su banco le retire un monto predeterminado de dinero de su cheque de pago y que se deposite directamente en la cuenta de su elección. Si le es difícil tomar la decisión por sí mismo, abra una cuenta de ahorros o un IRA (cuenta individual de retiro). Aún teniendo una pequeña suma de dinero retirada y depositada de su cheque de pago en forma regular, estará creando un sólido fondo de ahorros que podrá usar en el futuro para invertir.

5. *Presupuesto, presupuesto, presupuesto.* La famosa y dura palabra. Desafortunadamente, la idea de administrar el presupuesto es vista con aprehensión por mucha gente. Pero en vez de considerar el presupuesto como un par de esposas, hay que advertir que elaborar y ajustarse a un presupuesto le puede proporcionar liber-

tad financiera. ¿Cómo? Bueno, los presupuestos le dan un vistazo adecuado de cómo le va financieramente. Cuando vea cuánto ingreso percibe y cuánto se va en sus obligaciones financieras, o deudas, se dará cuenta en dónde pueden crearse ahorros para sus metas futuras.

6. Consiga un seguro médico. Poseer un seguro médico adecuado puede ser una de las más sabias decisiones financieras que tome. ¿Por qué? Bueno, si sabe de alguien que haya hecho una "visita" a una sala de emergencias últimamente, le puede explicar cómo los costos de la atención médica van aumentando. Y si usted carece de seguro médico, estas sumas de dinero saldrán directamente de su cuenta bancaria. Un accidente o una enfermedad seria pueden incluso llevarlo hacia la bancarrota. Si en su trabajo le ofrecen seguro de salud, suscríbase porque la cobertura de grupo es siempre más barata que comprar un plan individual. Y si no tiene seguro médico patrocinado por la empresa, compre un seguro individual.

La buena noticia es que no cuesta demasiado acumular algunos ahorros verdaderos ni desarrollar ciertas capacidades de administración de dinero. ¡Haga hoy sabias "movidas financieras" para afrontar el futuro con gran confianza!

Frases de los triunfadores

Presta dinero a tu enemigo y lo ganarás a él; préstalo a tu amigo y lo perderás.
BENJAMÍN FRANKLIN

No gastes tu dinero antes de ganarlo.
THOMAS JEFFERSON

No pongas tu interés en el dinero, pero pon tu dinero a interés.
OLIVER WENDELL HOLMES

Uno debe saber vivir con el dinero que tiene.
JOSÉ DE SAN MARTÍN

Capítulo VI
CÓMO CONSTRUIR SU PROPIA SUERTE

—La suerte no es cosa de magos —así comenzó su charla Julio y le dio un sorbo a su café capuchino—. El secreto está en aprender a manejar bien tu dinero y estar atento a las oportunidades que se te presenten.

—Qué bueno que tocas el tema —dijo Alberto—. Un primo de mi esposa me está proponiendo un negocio que parece interesante.

—¿De qué se trata?

—Pues se trata de comprar algunas obras de arte, ya sabes, pintura, escultura... y aunque los autores son jóvenes, son los que comienzan a ser reconocidos actualmente, así que si compramos ahora, tal vez en un lapso de 10 o 20 años las obras suban de precio.

—Puede ser interesante, pero ¿a qué se dedica el primo de tu esposa?

—Pues es valuador en una casa de subastas.

—Suena interesante.

—Es un conocedor... si es lo que te preocupa.

—Quizá sea buen negocio, pero antes debes investigar... ya sabes... qué tanto renombre tienen no sólo en el país sino en Estados Unidos, Europa...

—Sí... sí...

—Y en cuanto a la familia, trata de tener cuidado siempre en los negocios que hagas con ella. Muchas veces se sienten con la confianza de disponer de tus recursos.

—También de eso me estoy encargando. Estoy asesorándome para que todo quede a mi nombre, aunque le estoy dando a él un porcentaje por cada oportunidad que me encuentra cuando está valuando una obra.

—No está mal... quizá estés aprendiendo —dijo sonriente Julio—. Y tú, Carlos, ¿qué dices? ¿Ya has pensado qué hacer con tu dinero?

—En eso estoy. Me estoy asesorando para saber cómo especular en la Bolsa... ya sabes... lo mío no es el arte como Alberto. Yo prefiero el mundo de los negocios, pero estoy tratando de no dar pasos en falso. Me ha costado tanto trabajo ahorrar mi capital... no pienso entregárselo al primer oportunista que se aparezca.

—Muy bien... se están convirtiendo en dos verdaderos contemporizadores.

—Contempo... ¿qué? —dijo Alberto.

—Con-tem-po-ri-za-do-res. Son las personas que saben aprovechar las ocasiones que se les presentan. La suerte siempre está presente para el hombre que sabe dónde buscarla.

—Es verdad, hay hombres a los que el dinero les cae fácilmente —dijo Carlos.

—Sí, pero hay que tener cuidado si es demasiado fácil. El dinero que llega fácil, se pierde con la misma facilidad. Hay que cuidar que no sea un dinero malhabido o que seamos víctimas de un timador, pero al mismo tiempo debemos evitar ser desidiosos y aprender a detectar una buena inversión para no perderla. Tal vez suceda que nos equivoquemos, pero tampoco podemos esperar salir triunfantes de cada situación. También de los errores se aprende. Por ello es importante que sigan las siguientes reglas: siempre estar aconsejados por conocedores, aprender acerca del negocio que queremos emprender y evitar a los defraudadores y estafadores.

De esta manera, los amigos se despidieron. Esta vez con la consigna de estar atentos a cualquier movimiento que fueran a hacer con su dinero, pero al mismo tiempo, convencidos de que encontrarían una buena forma de hacerlo rendir y agrandar su pequeña fortuna ahorrada.

¿Qué hacer si un golpe económico tambalea las finanzas familiares?

Quedarse sin trabajo o sufrir una disminución del salario puede ser un golpe para muchos, especialmente si es una experiencia nueva. Para poder arreglárselas con menos es necesario comenzar a actuar de inmediato. Los pasos son simples. El plan que usted desarrolle probablemente no sea para siempre, pero la falta de planificación y de acción hará que las cosas resulten más difíciles para su familia.

Para asumir el control de las finanzas de su familia, usted puede dar los siguientes pasos: determinar su ingreso neto, estudiar meticulosamente sus gastos de vida, diseñar estrategias para reducir los gastos, usar con prudencia bienes tales como fondos de emergencia, y lograr que su familia se comprometa a superar esta etapa. Consideremos un paso a la vez.

Paso 1: ¿Cuánto tiempo estará desempleado? Antes de realizar ajustes en su economía, considere el tiempo que podría estar desempleado. Es posible que pasen de seis meses a un año antes de que vuelva a tener un trabajo de tiempo completo. Debe prever minuciosamente los problemas económicos que puede llegar a tener.

Paso 2: ¿Cuál será nuestro ingreso? Muchas familias tienen dos fuentes de ingreso. Varias lo pueden ayudar a disminuir el impacto que el desempleo tenga sobre la familia. Sin embargo, tener un solo ingreso significa que, en el futuro, gran parte del ingreso discrecional que su familia utiliza puede ser limitado o inexistente.

El ingreso familiar puede calcularse en dos fases. La *Fase I* incluye la compensación por desempleo. Calcule su ingreso neto (el monto después de deducidos los impuestos) en forma mensual. La *Fase II* tiene lugar cuando se ha pasado un tiempo desempleado y la familia comienza a utilizar más reservas y activos como ingreso.

Consejos: Revise los talones de pago. El ingreso neto puede potenciarse al máximo si se estudian las deducciones impositivas (especialmente si usted tiene devoluciones importantes), si se cambia de planes médicos para reducir los costos del seguro y si se estudian detenidamente los montos que se colocan en planes de ahorro de depósito directos.

Sea prudente cuando calcule su ingreso. No incluya horas extras ni los inestables todos los meses.

Quizá sea una buena idea revisar su informe de solvencia en este momento. Los informes de solvencia deben revisarse en forma regular, para saber si está actualizado en todos los pagos y que toda la información es precisa; así puede prevenir futuros errores mayores dentro del periodo de desempleo.

Planilla de ingresos netos		
Salarios, remuneraciones	Fase 1	Fase 2
Pago semanal		
Pago quincenal		
Pago mensual		
Sustento de menores		
Desempleo		
Ingresos por intereses/inversiones		
Ingresos netos totales		

Paso 3: ¿Adónde va nuestro dinero? Existen dos formas de calcular cuánto está gastando. Una de ellas es el método de la *memoria*. Recordar sus gastos permite agruparlos por mes. Una manera de hacer esto es recomponerlos a partir del registro de su chequera y de los talones de pago de sus cuentas. Este método para calcular gastos funciona mejor si todas las compras se pagan con una única cuenta de cheques y si los gastos discrecionales, tales como el uso de "dinero para gastos personales", son limitados.

La segunda forma es el seguimiento de los gastos durante uno o dos meses, anotando diariamente todas las compras y los pagos. Esto incluye el seguimiento de todas las cuentas pagando con una cuenta de cheques o, si se utiliza efectivo, guardando los recibos y registrando diariamente los montos.

Los gastos también deben registrarse en forma mensual. Utilice los factores de multiplicación que se encuentran en la "Planilla de ingresos netos" (ver la página anterior) para ajustar los gastos en forma mensual.

Consejo: El seguimiento de los gastos no es una tarea interminable. Realícelo durante un mes para descubrir brechas, de modo que pueda ajustar su plan de gastos.

Planilla de gastos familiares mensuales

		Subtotal	Totales
VIVIENDA			
Alquiler/hipoteca			
Mantenimiento			
Servicios	*Electricidad*		
	Gas		
	Agua		
	Teléfono		
Equipamiento/muebles			
Seguros e impuestos			
ALIMENTOS			
Comidas en el hogar			
Comidas fuera del hogar			
TRANSPORTE		Subtotal	Totales
Pago(s) de automóvil(es)			
Gasolina			
Aceite			
Reparaciones			
Seguro			
Transporte público			
ATENCIÓN MÉDICA/ ODONTOLÓGICA			

PAGOS DE TARJETAS DE CRÉDITO	1. 2. 3.
VESTIMENTA/ CUIDADO PERSONAL	
RECREACIÓN	
CONTRIBUCIONES/ REGALOS	
OTROS Educación Seguro de vida Cuidado infantil Cigarros Televisión por cable	
AHORROS	Total de gastos mensuales $

Paso 4: ¿Qué relación guardan nuestros ingresos con nuestros gastos? Éste es el paso de la realidad. Es esencial que compare el "saldo final" con sus gastos.

Comparación de ingresos con gastos
Ingresos mensuales - Gastos Mensuales = Saldo final (+ ó -)
_____ - _____ =

Después de comparar los ingresos con los gastos, existen tres posibilidades.

A) Sus ingresos concuerdan con sus gastos. En este caso, no hay mucho lugar para errores, especialmente si usted ha utilizado el método de la memoria para determinar sus gastos. Lleve un seguimiento meticuloso de sus gastos para el próximo mes; realice ajustes y vuelva a evaluar sus gastos. Recuerde que si usted ingresa en la Fase II, sus ingresos no cubrirán sus gastos y éstos necesitarán una reducción en el futuro.

B) Sus ingresos exceden a sus gastos. Significa que usted puede arreglárselas con los ingresos reducidos de su familia.

Trate de seguir algún plan de ahorro para acrecentar sus reservas.

Siga cuidando minuciosamente sus gastos, pues quizá tenga que realizar más ajustes si ingresa en la Fase II de desempleo.

C) Sus ingresos no alcanzan a cubrir sus gastos. Si esto ocurre, hay tres cosas que puede hacer:

    1. Reducir sus gastos. Estudie las áreas de gastos flexibles, aquellas áreas en las que tiene opciones. Según sea la situación, puede ser temporal o permanentemente recortar al mínimo el servicio telefónico y el servicio de televisión por cable, consumir almuerzos preparados en casa y dar de baja el seguro del automóvil totalmente amortizado y pagado. Esto puede ayudar a liberar dinero para el pago de hipotecas o de automóviles.

    Consejos: Intente dar una mensualidad a sus hijos, si es que aún no lo hace. Hacerlo en forma semanal para cubrir gastos específicos le facilitará la tarea de realizar un seguimiento de los "gastos de bolsillo", y les dará a ellos un mayor sentido de responsabilidad de sus propios gastos.

    Decida cuánto quiere gastar en vestimenta (y otros artículos) para sus hijos. Si ellos quieren más de lo que usted puede pagar, en el caso de compras grandes o compras especiales de ropa, llegue al acuerdo de darles una "contribución" de dinero proporcional a la suma que ellos tengan.

2. Aumentar sus ingresos. Puede comenzar a recurrir a inversiones o dinero destinado a emergencias para complementar sus ingresos hasta alcanzar el nivel de sus gastos, o bien su cónyuge puede trabajar más tiempo en un negocio familiar o fuera de su hogar. Él o ella quizá pueda, además, volver a trabajar o aumentar sus horas de trabajo.

Consejo: Sea prudente en cuanto a recurrir a sus activos antes de ingresar a la Fase II de desempleo. En ese momento sus ingresos sufrirán la mayor reducción y debe ser cauto en lo referente a intentar iniciar negocios en su casa en situaciones como ésta. Los costos iniciales pueden aumentar los gastos y reducir los ingresos.

3. Reestructure sus deudas. Si una de las razones por las que sus ingresos no concuerdan con sus gastos es una deuda sin garantía o una tarjeta de crédito cuantiosa, la reestructuración o la reducción de los pagos puede ser una alternativa.

Consejo: Utilice sus ahorros para cancelar deudas, si es posible. Si usted está percibiendo una indemnización por cese de empleo, tal vez sea prudente cancelar todas las deudas que pueda. Si no ha refinanciado su hipoteca a una tasa inferior, considere la posibilidad de hacerlo ahora y utilizar parte de la diferencia para cancelar la deuda de su tarjeta de crédito. Esto puede reducir los pagos de su hipoteca y eliminar la deuda de su tarjeta de crédito al mismo tiempo.

Sea prudente en lo referente a realizar sólo pagos mínimos de sus tarjetas de crédito. Esto aumenta los intereses y extiende el tiempo que le llevará cancelar la deuda. Durante la Fase I de desempleo, no asuma nuevas deudas mediante tarjetas de crédito. Guárdelas o córtelas en pedacitos para no utilizarlas. Conserve una tarjeta bancaria solamente para emergencias.

Paso 5: ¿Qué hago si no puedo pagar? No se deje llevar por el pánico. Desarrolle un plan de gastos de supervivencia. En la Fase II de desempleo, la falta de beneficios por no percibir un salario puede reducir el presupuesto familiar hasta niveles básicos. Dicha fase exige que se tomen más medidas, que se revisen más activos y que se introduzcan controles de gastos más rigurosos. Recuerde que esta fase no durará para siempre.

Revise sus ingresos y gastos exactamente como lo hizo antes. Estúdielos, contrástelos, compárelos y ajústelos.

Calcule cuánto puede afrontar para seguir pagando sus cuentas. Los acreedores en realidad no quieren ni su casa ni su automóvil. Quieren que les pague el capital y los intereses del préstamo que le otorgaron de buena fe. A menudo, poder afrontar solamente los intereses de una cuenta puede ser útil. Divida entre sus acreedores la cantidad de ingresos que le quedan después de pagar los otros gastos regulares.

Comuníquese con sus acreedores *antes* de no cumplir con un pago. Con frecuencia los acreedores negocian para reducir los pagos por un periodo de tiempo más prolongado, pero usted debe ser capaz de realizar los pagos negociados en forma regular. Explíqueles su situación y lo que ha ocurrido, así como también lo que espera que suceda.

Sea específico con lo que le ofrece a los acreedores. Esto requiere que hable con personas que puedan negociar con usted. Muchas veces la primera persona con la que hable no será la adecuada. Sea capaz de ofrecer un pago específico para el periodo de facturación. Si no es realista con sus promesas, puede predisponer mal a un acreedor que quizá se muestre poco dispuesto a colaborar en el futuro. A menudo los acreedores aceptan un pago menor antes que no recibir ningún pago.

A continuación escriba una carta que detalle lo acordado con el acreedor. Esto significa que usted debe llevar el registro de las fechas, los tiempos, con quién se comunicó y a qué arreglos llegó con el acreedor.

Realice sus pagos a tiempo. Una vez que tenga un calendario de pagos a realizar, es esencial que lo cumpla. Si sus circunstancias vuelven a cambiar, comuníquese con el acreedor *antes* de no cumplir o reducir más sus pagos.

No recurra a créditos mientras esté desempleado. Sólo hágalo en caso de emergencia, pues el desempleo afecta en gran medida su capacidad para pagar deudas. Guarde las tarjetas de crédito y manéjese con efectivo tanto como pueda.

Consejo: Aunque sea difícil, cumpla con un calendario regular de pago de cuentas. Abra todas las facturas cuando las reciba. No caiga en la tentación o en el temor de ignorar la situación.

Considere qué activos pueden convertirse en efectivo. Si decide hacer esto, tome en cuenta que con frecuencia la conversión le aportará efectivo, podrá eliminar algún pago y disminuirá sus gastos.

Entre las cosas que pueden generar efectivo, están: vender automóviles, embarcaciones, motonetas, motocicletas, antigüedades, objetos de colección, artículos deportivos, herramientas y muebles.

Convierta las pólizas de seguro de vida total o con valor en efectivo en seguros de vida a plazo.

Pida dinero prestado equivalente al valor en efectivo de la póliza del seguro de vida. Recuerde continuar pagando las primas para mantener la póliza activa durante el periodo del préstamo.

Pida dinero prestado a su familia o amigos. Ésta no es siempre la mejor opción. Por lo tanto, si recurre a este tipo de préstamo trate de ser lo más claro posible. Escriba un acuerdo para devolver el préstamo a plazos de pago e intereses.

Venda acciones, bonos o acciones de fondos mutuos. Si tiene estos activos, considere atentamente las consecuencias impositivas que pueden tener las pérdidas o las ganancias. Mientras está desempleado, es una buena idea escalonar las ventas de estos activos y tratar de optimizar el precio de venta para obtener alguna ganancia.

Consejo: Asegúrese de estar conectado con los programas y recursos comunitarios que podrían ampliar sus recursos. La utilización de recursos disponibles puede extender sus propios recursos de manera considerable. Por ejemplo, en la ciudad de México actualmente existe un apoyo para desempleados que, aunque es muy poco, lo integra a una bolsa de trabajo, así como a cursos de capacitación para conseguir empleo o adquirir un oficio alternativo a su ocupación actual.

Resumen

Estar desempleado significa que debe asumir el control de sus finanzas personales cuanto antes. Actúe dando un paso a la vez.

Hable con su familia. Explíqueles la situación y establezcan metas grupales. Esto ayudará a que todos comprendan y respalden las decisiones financieras.

Revise sus ingresos y sus gastos, y establezca un equilibrio entre ellos.

Utilice la indemnización por cese de empleo u otros ahorros para cancelar toda la deuda de sus tarjetas de crédito.

Absténgase de utilizar créditos mientras esté desempleado.

Hable con sus acreedores antes de atrasarse en los pagos de sus créditos.

Postergue al máximo la venta de activos, especialmente de los que impliquen consecuencias impositivas.

Analice la situación laboral de su cónyuge y los talones de pago para encontrar fuentes de ingresos que puedan generarse a partir de horas extras o de la revisión de deducciones.

Utilice recursos comunitarios en la medida de lo posible para ampliar los recursos de su familia.

Las frases de los triunfadores

El éxito es directamente proporcional a la capacidad de riesgo que uno tiene.
JOSÉ CAROL

No es el patrón el que paga los sueldos (él sólo maneja el dinero) el que lo paga es el producto.
HENRY FORD

Octubre es uno de los meses particularmente peligrosos para especular en la Bolsa. Los otros meses peligrosos son julio, enero, septiembre, abril, noviembre, mayo, marzo, junio, diciembre, agosto y febrero.
MARK TWAIN

Para mejorar hay que cambiar. Para ser perfecto hay que cambiar a menudo.
WINSTON CHURCHILL

La planificación a largo plazo no es pensar en decisiones futuras, sino en el futuro de las decisiones presentes.
PETER DRUCKER

Capítulo VII
Cuide a su familia, no le preste dinero

En la siguiente reunión decidieron instalarse cómodamente en un pequeño salón de juegos que Carlos había instalado en el sótano de su casa. Ahí, mientras platicaban, decidieron jugar un juego de dominó y tomar una cerveza. La amistad entre los tres hombres se había estrechado con el paso de los meses y por compartir anécdotas, conocimientos sobre nuevas formas de inversión, consejos, dudas y, sobre todo, la convicción de que su vida podía ser otra.

Sin embargo, Alberto había tenido una duda rondándole la cabeza durante unos días y aprovechó la primera oportunidad para hacerle una pregunta a Julio.

—¿Qué opinas de los préstamos familiares?

—Dime qué es lo que tienes en mente.

—El hermano de Sara, ya sabes, es un muchacho de 28 años bastante inteligente, pero un poco atrabancado, trae la idea de un negocio entre manos y quiere que sea su inversionista.

—¿De qué se trata?

—Quiere llevar artesanía mexicana a Europa, ya sabes, cosas representativas de nuestra cultura, dice que se vende bien.

—¿Con quién está negociando?

—Parece que con unos amigos.

—Mmmmm, no parece muy convincente.

—No sé, suena bien, pero no termina de convencerme. Me dice que si no invierto, al menos le preste el dinero para comenzar el negocio.

—¿Y?

—Pues es el hermano de Sara y ella... ya sabes... me pide que lo apoye.

—¿Crees que ese dinero regrese a tus manos?

—No estoy seguro.

—Entonces no lo hagas.

—Pero mi esposa...

—Habla con ella. Sara es una mujer prudente, debe pensar primero en su hijo y en ti, antes que en los sueños de un muchacho loco.

—Va a ser difícil que ella lo acepte.

—Hay que tener cuidado con los préstamos que se hacen a la familia, es mejor no hacerlo si se piensa que ese dinero no va a regresar. Si tú le niegas el dinero en este momento a tu cuñado, tal vez se moleste, tal vez Sara también, pero con el paso del tiempo lo olvidarán y no habrá problema. Pero si tú le prestas el dinero y él lo pierde o no lo devuelve, realmente habrá conflictos muy fuertes, pues la confianza se habrá defraudado.

—Tal vez tengas razón.

—Hay algo que deben aprender ahora que comienzan a tener mayores ingresos: el oro otorga a quien lo posee una gran responsabilidad y cambia su posición social frente a los que te rodean.

—Es cierto —agregó Carlos a la charla de los dos amigos—. Desde que tengo cuenta bancaria mis amigos y mi familia me tratan diferente. Todos hacen bromas sobre lo que haré para sacarlos de pobres.

—Cuando en realidad los únicos que pueden hacer algo por su situación son ellos mismos —respondió Julio—. Así que si quieres prestarle dinero a alguien, mejor conviértete en prestamista, así los ayudas y aseguras tu dinero

—Creo que mejor hablaré con Sara y le pediré a mi cuñado que busque otro socio.

En ese momento, Julio se relajó y decidió olvidar el tema.

Ahorradores e inversionistas desde la infancia

Anteriores generaciones de padres no hablaban del presupuesto de gastos delante de los hijos: "ellos deben estar ajenos", decían. Y sin duda los niños tienen que vivir su infancia alejados de los problemas de dinero, pero eso no quiere decir que los padres no deban hablar del presupuesto con ellos, de lo que pagan, de lo que gastan. Parte de la educación actual es enseñarles la importancia del dinero y cómo ahorrar desde pequeños.

Hay sistemas pedagógicos que ayudan a fomentar el hábito del ahorro. Adicionalmente, aun cuando el presupuesto sea desahogado, los padres no deben comprarle a sus hijos todo lo que piden, lo mejor que pueden hacer es promover un plan de tareas domésticas con el que ellos mismos generen su propio ingreso.

Ya que tengan "su dinero" por tareas, domingos, mesadas o regalos de familiares, son los papás quienes deben enseñarles a los hijos a administrarlo. Y en este punto es cuando vale la pena abrirles una cuenta de ahorro, paso obligado después de la alcancía, para que los niños se empiecen a familiarizar con los servicios financieros.

Después de los 10 años es bueno que sepan cómo se gasta el dinero en casa, cuánto cuestan las cosas y qué significa para el sustento de la familia; en pocas palabras que conozcan el presupuesto familiar.

Los niños deben saber cuál es la importancia del dinero, con la premisa de que no es todo en la vida. Las estrategias y métodos para ayudar a los hijos son diversos, pero sin duda la base de cualquier plan es el ahorro. Y en este aspecto los padres de familia deben tener en mente el dicho popular: "Se predica con el ejemplo"; por lo que el ahorro como un hábito permanente en un niño, depende de cómo vieron y vivieron de cerca el ahorro de sus padres.

Fomentar el ahorro en un niño no es tarea fácil, por eso se recomienda empezar cuando los hijos son pequeños, la edad ideal es entre los cinco y siete años. Al cumplir cinco años, los niños tienen la capacidad de entender para qué sirve el dinero.

La educación de los padres debe considerar el transmitir en sus hijos el concepto de ahorro, manejando el nivel de entendimiento de un niño. Ellos no pueden asimilar que van a ahorrar para las emergencias. Por eso es tan importante establecer metas que sean de su interés: comprar un juguete o hacer un viaje.

Es importante que los padres de familia permitan a los niños establecer sus propias metas, sobre todo para que estén al nivel adecuado en tiempo y monto. Cuando un niño se da cuenta de que fue capaz de ahorrar para comprar un juguete, se siente seguro de que puede cumplir con un propósito.

Para que el niño comprenda la importancia del hábito, deben darse dos factores previos: primero que los papás ahorren o en su defecto que los niños aprecien cómo ellos cuidan el ingreso de la familia, y segundo, buscar una forma o sistema mediante el cual el niño considere que tiene un ingreso, es decir, una cantidad de dinero que él obtuvo por méritos propios.

El sistema que los psicólogos especializados en infantes recomiendan actualmente para fomentar el ahorro en los niños, es el de la economía de puntos. Hay que manejarlo como un juego. Se necesita de un cartón con los días de la semana, en donde se deberán anotar los puntos que el niño gana por el cumplimiento de las tareas asignadas.

Las tareas deben asignarse en relación con su edad y su capacidad física. Por ejemplo, poner la mesa antes de comer, tender su cama, guardar juguetes, terminar la tarea a tiempo o limpiar los zapatos.

Cada semana se acumulan puntos por las tareas cumplidas y, al finalizar, el niño deberá tener un total de puntos que equivalen a dinero. La equivalencia depende de los papás, un punto no necesariamente es un peso.

Lo relevante del sistema es que el niño sepa que obtiene un ingreso que ganó por méritos propios. En la medida de las posibilidades de la familia, es recomendable que esta especie de pago no se relacione con el "domingo" o con el "recreo" que se acostumbra dar.

La economía de puntos se debe manejar semanalmente porque el niño recibe el estímulo de forma inmediata. Hay que tomar en cuenta que la relación del tiempo en esas edades es difícil: las quincenas o un mes les parece algo eterno a los niños.

Pero cuidado, los niños deben tener claro que no todo en la vida es dinero. Por eso se sugiere una variante en el sistema: los puntos ganados se pueden cambiar por eventos especiales, como ir al circo, a la feria o a comer hamburguesas. No es recomendable que guarde todo su dinero. El niño debe considerar y aprender que el dinero sirve para diferentes conceptos: una parte se la puede gastar y otra ahorrarla.

Lo que un niño debe saber sobre el dinero:

1. Que es un recurso limitado.

2. Que sirve para comer, estudiar, vestir, vacacionar y para pagar los servicios médicos, entre otros.

3. El ahorro no es sólo guardar dinero, también se ahorra cuando no se gasta más de la cuenta.

4. Es conveniente que los niños sepan cuánto cuestan los servicios y mercancías que se usan en casa.

5. No es conveniente que los niños se enteren de los problemas económicos familiares.

Capítulo VIII
Construya sus propias murallas de Babilonia

Al paso de dos años, las reuniones entre Alberto, Carlos y Julio se hicieron menos lejanas y se convirtieron más en una tertulia familiar que en una reunión de negocios. Pronto se integraron a los encuentros sus respectivas esposas y por consiguiente los hijos.

Con el transcurso del tiempo, Alberto logró abrir una pequeña galería donde exponía lo último en arte no sólo del país sino de toda América, parte de Estados Unidos y Canadá. Carlos, por su parte, había aprendido a especular en la Bolsa y había estado obteniendo jugosos dividendos, aunque a veces no había tenido mucha suerte y había perdido algo de capital, cada vez lo hacía mejor. Julio, por su parte, seguía con sus negocios y había logrado extender sus tiendas por toda América Latina.

Los amigos habían aprendido juntos de la vida y de cómo expandir sus intereses hacia proyectos que les dieran rendimientos, no sólo emocionales sino económicos.

Sin embargo, aún quedaban cosas pendientes.

—¿Cómo asegurar tu futuro? —lanzó la pregunta Alberto al ver jugar a su hijo. Carlos y Julio lo miraron interrogantes.

—Ya tengo un pequeño negocio y confío en que me dé buenos rendimientos; ya estoy pagando esta casa para que algún día sea mía; pero ¿cómo aseguro el de mi hijo?

—No puedes hacerlo —dijo Julio.

—¿Por qué?

—Lo único que puedes hacer es enseñarle el valor del trabajo, mostrarle una actitud positiva ante las oportunidades y mostrarle el camino del ahorro. Así como tú aprendiste, él también lo hará.

—Pero quiero dejarle alguna herencia.

—Esa será su herencia.

—Te contaré la historia del hijo de mi jefe, el señor Ordóñez, ¿lo recuerdas?

—¡Cómo olvidarlo! —exclamó Carlos como para alejar la tristeza de Alberto.

—El señor Ordóñez tenía un hijo, más o menos de mi edad, ¿saben? Él acudió a las mejores escuelas, tuvo todo lo que quiso. El señor Ordóñez trabajó hasta el último de sus días para dejarle la empresa a su hijo, creía que esa sería su herencia. Desgraciadamente el muchacho tenía mala cabeza, no entendía el valor del trabajo de su padre y en cuanto él falleció se dedicó a dilapidar su fortuna. Ahora esa gran empresa no existe y creo que ese muchacho, en quien su padre había puesto todas sus expectativas, terminó suicidándose.

—¡Qué historia tan terrible! —dijo Alberto acongojado.

—Por eso no te preocupes por tu hijo. No pienses en heredarle una fortuna, mejor empéñate en dejarle tus conocimientos y tu experiencia, que ese sea tu legado.

Los amigos reflexionaron en silencio un momento hasta que sus esposas y sus hijos los llamaron para cortar el pastel de cumpleaños de Albertito, que ese día cumplía 8 años.

Seguro de vida

No todas las personas necesitan un seguro de vida, por eso es indispensable pensar: ¿quién lo necesita? Para ello es necesario hacer un esquema de todas las particularidades de cada persona desde sexo, edad, intereses, profesión, estado civil, si tiene hijos, de qué edades y qué necesidades tienen; en fin, todos los pormenores de la persona para decidir qué tanto se adapta este producto financiero a sus necesidades actuales.

Los seguros de vida son instrumentos de finanzas personales poco entendidos por el común de la gente y no muchos están interesados en conocer más a fondo sobre el tema. Este desconocimiento puede ser perjudicial para muchas familias que necesitan este tipo de protección financiera y que debido a confusiones comunes no la tienen.

Siendo una herramienta de finanzas, un seguro de vida es un elemento crucial en la planeación económica familiar. Es muy difícil predecir cuándo ocurrirá una desgracia que impacte negativamente las finanzas del hogar; por lo tanto, la familia necesita planear sus finanzas teniendo en mente posibles casos de emergencia. En este contexto, es apropiado analizar el papel de los seguros de vida en las finanzas familiares y evaluar el horizonte de planeación. También presentamos los beneficios impositivos que actualmente las leyes brindan a las personas que compran seguros de vida.

Algunos acontecimientos traen cambios en las finanzas del hogar y por lo tanto en la necesidad de un seguro de vida. Páginas atrás analizamos algunos eventos trascendentales en la vida familiar en los cuales la necesidad de un seguro de vida debe ser reevaluada.

Para tomar decisiones al respecto, es mejor que acuda a dos o tres empresas especializadas en seguros y le presenten un plan adecuado a sus necesidades. A partir de éstos, usted podrá elegir el que más le convenga, no sólo a su familia en caso de que usted fallezca o tenga un accidente automovilístico; los seguros ahora cubren más, pero mucho más, de lo que podríamos pensar.

No podemos permitirnos vivir sin estar protegidos de manera adecuada. Hoy en día apostados tras los muros de los seguros de las cuentas bancarias y de las inversiones fiables podemos protegernos de las tragedias inesperadas que pueden surgir en cualquier momento.

Las frases de los triunfadores

El activo más valioso de las empresas está materializado en sus ideas.

JAIME ROJO

Aquel que quiera construir torres altas, deberá permanecer largo tiempo en los fundamentos.
ANTON BRUCKNER

La banca es información.
EMILIO ONTIVEROS

Lo que es negocio de todo el mundo no es negocio de nadie.
ERNEST THOMAS WALTON

Los impuestos son el precio de la civilización. En la selva no existen.
ROBERT WAGNER

Capítulo IX
SI QUIERE LLEGAR A LA CÚSPIDE, CUMPLA CON SUS OBLIGACIONES

—No hay peor esclavitud que las deudas —suspiró Carlos semanas después de haber visto a sus amigos. Ahora que había pagado al último de sus acreedores, casi no podía creer que había vivido endeudado con todo el que conocía.

Para festejar, los amigos se reunieron para tomar una copa en aquel videobar en donde se habían reunido por primera vez para buscar un futuro promisorio.

Cuando se vieron nuevamente, hubo risas y bromas y, aunque tenían las mismas arrugas y el vientre igual de abultado, definitivamente el rostro de los tres era más festivo.

Entre bromas y frases serias decidieron escribir en una servilleta el decálogo del hombre feliz (y rico, agregó Carlos):

1. Ahorrar el 10% de sus ingresos
2. Tomar el control de sus gastos
3. Poner a trabajar el dinero a su favor
4. Buscar el consejo de los conocedores

5. Educarse a sí mismo
6. No ser deudor irresponsable
7. Proteger su inversión
8. Saber encontrar oportunidades
9. Tener una actitud positiva
10. Protegerse para su jubilación

Alberto quiso agregar, pero sólo lo pensó: educar a nuestros hijos.

Desde la perspectiva de...
Carlos Slim
El empresario político

Carlos Slim Helú se ha colocado por méritos propios como el prototipo del empresario, no sólo en México sino en toda América Latina, en una etapa de cambio político de un país; aunque creó una complicidad con el viejo sistema, nunca se comprometió lo suficiente como para no mirar de frente a las nuevos gobernantes.

Su exitosa carrera ha sido el resultado de saber moverse entre los círculos políticos de cada momento y aprovechar las oportunidades que se le presentan para hacer nuevos negocios, desarrollar los que ya tiene y crear alianzas que le pueden ser útiles para sus intereses, incluso invertir más que en campañas políticas en proyectos de obras sociales que son benéficas para toda la sociedad.

Carlos Slim Helú es un empresario exitoso que empezó desde niño su tarea emprendedora hasta convertirse, al comenzar el Siglo XXI, en el hombre más rico de América Latina. Slim ha querido construir un mito alrededor de su personalidad. Polémico nato, no rehuye la confrontación y a veces hasta la busca. En sus conversaciones privadas siempre tiene sobre la mesa, al alcance de la mano, su primera libreta de ahorro de la niñez para demostrar sus orígenes humildes.

La historia de Slim se bifurca en dos historias: por un lado, el esfuerzo emprendedor de un empresario exitoso que logró encontrar las claves para hacer negocios dentro del sistema político que dirigió a México por más de setenta años; por el otro, la capacidad de un empresario para meterse hasta el fondo de las redes del mismo sistema para construir un verdadero imperio empresarial.

Carlos Slim Helú ha sabido escoger con habilidad los espacios de expansión y se perfila como el *Ciudadano Kane* de la comunicación en México, porque sus inversiones abarcan —como inversionista directo o como el primer anunciante— todos los medios de comunicación: cine, radio, televisión, prensa escrita e internet.

Al arrancar el nuevo gobierno en el 2000 —el primero de alternancia—, Slim ha sido mencionado en las versiones que señalan que estaría trabajando en el proyecto de un diario de circulación nacional con dos importantes grupos periodísticos. Su motivación, ha deslizado, es la de contribuir a crear un medio para la transición como lo fue *El País* en España. Sin embargo, Slim ha comprendido el poder político de los medios de comunicación.

Lo curioso ha sido el *estilo personal* de hacer política de Carlos Slim Helú: ha sabido darle una utilidad práctica al dinero y a su capacidad de seducción. Los encantos de Slim son míticos. Tan es así que ha terminado siendo aliado de muchos de sus detractores.

Exitoso empresario de consorcios ajenos a la política, Slim será recordado como un empresario del poder político. La gran empresa que le permitió arribar al *ranking* internacional de los hombres más ricos del mundo fue Teléfonos de México. Slim se hizo de una empresa que valía algo así como 12 mil millones de dólares, con una inversión personal de apenas 400 millones de dólares, y la convirtió en una empresa que actualmente compite en la Bolsa internacional.

También hay rasgos de Slim como un *mecenas* político de los intelectuales. Hombre culto y lector acucioso, Slim ha conseguido subyugar a los intelectuales más críticos, quienes lo ponen como ejemplo del empresario moderno.

Incluso Fernando Benítez, un intelectual muy respetado, hizo en un periódico un encendido elogio de Slim: "A Carlos (Slim) no le importa la riqueza sino cómo debe ser empleada".

En el fondo, Slim es un empresario, no un populista: la pobreza genera irritación y protestas. Así, el empleo justamente pagado, según su criterio, evita las revoluciones y las revueltas.

Poderoso a una edad madura pero con mucho tiempo por delante, Slim ha comenzado a utilizar las inversiones como *shopping* en el *mall* de las ofertas de empresas. El gran negocio de Telmex sigue dándole frutos y creciendo. ¿Cuál es el destino final de Slim? Dadas sus características y atributos, de alguna manera ha logrado adueñarse de proyectos y empresas de tal manera que lo colocan como uno de los hombres más adinerados del mundo. Si sigue por este camino seguramente llegará un momento en el que todos los hilos de su red estén extendidos por todo el país.

Epílogo
USTED PUEDE SER EL HOMBRE MÁS RICO DE BABILONIA

A pesar de los años, este *best seller* de la década de 1920 sigue vigente. *El hombre más rico de Babilonia* habla de cómo las personas comunes podemos encontrar una forma de mejorar nuestra calidad de vida, pero sobre todo nuestra actitud. Los preceptos que ahí se presentan los hemos adecuado al siglo XXI con todas sus ventajas y desventajas, pero aún así, son tan simples y universales que los puede seguir desde un humilde obrero hasta un empresario.

A los pasos que propone el libro he querido agregar algunas notas sobre personajes importantes de la economía nacional e internacional de nuestro tiempo, cada uno de ellos, en su propia esfera, ha sabido seguir estos preceptos: amasar un capital, invertir, saber tomar las oportunidades que se le presentan, afianzar sus ganancias, en fin, todo lo que propone este libro sencillo.

Espero que ya actualizado, y con algunos consejos, le sea de mayor utilidad a la ya de por sí aleccionadora obra original. Lo único que me queda por reiterar son los diez pasos del éxito:

1. Páguese a sí mismo.
2. Desarrolle un presupuesto.
3. Salde sus deudas.
4. Haga que su dinero trabaje.
5. Acepte riesgos pero sea cuidadoso.
6. No sea desidioso.
7. Invierta en su hogar.
8. Invierta en sus ahorros para el retiro.
9. Invierta en sí mismo.
10. Levante sus murallas.

Si sigue estos consejos, le aseguro que tendrá un porvenir próspero.

Las frases de los triunfadores

Hay personas que de sus riquezas no tienen más que el miedo a perderlas.
ANTOINE RIVARD

El dinero puede comprar una cama,
pero no las ganas de dormir;
libros, pero no la inteligencia;
alimentos, mas no apetito;
una casa, mas no un hogar;
medicamentos, pero no la salud;
lujos, pero no la cultura;

diversiones, pero no la felicidad;
un pasaporte a donde sea, pero no el Paraíso.
ANÓNIMO

Si no quieres trabajar, necesitas trabajar para ganar suficiente dinero para no trabajar más.
OGDEN NASH

Índice

Prólogo — 7

Capítulo I
Una historia como tantas — 17

Capítulo II
El reencuentro — 27

Capítulo III
Aprenda a controlar su dinero,
   que no lo controle él a usted — 41

Capítulo IV
Cómo llenar un saco vacío — 49

Capítulo V
No hay hombre rico que esté lleno de deudas — 65

Capítulo VI
Cómo construir su propia suerte — 73

Capítulo VII
Cuide a su familia, no le preste dinero — 87

Capítulo VIII
Construya sus propias murallas de Babilonia — 93

Capítulo IX
Si quiere llegar a la cúspide,
    cumpla con sus obligaciones   99

Epílogo
Usted puede ser el hombre más
    rico de Babilonia   105

El hombre más rico de Babilonia para nuestra época, de George Hill, fue impreso en octubre de 2005, en Q Graphics, Oriente 249-C, núm. 126, C.P. 08500, México, D.F.

www.ingramcontent.com/pod-product-compliance
Lightning Source LLC
Chambersburg PA
CBHW051726170526
45167CB00002B/824